文史哲學集成

昌彼得著

# 中國圖書史略

文史哲出版社印行

**國立中央圖書館出版品預行編目資料**

中國圖書史略 / 昌彼得著. -- 再版.-- 臺北市
: 文史哲,民82
面 ;  公分. -(文史哲學集成 ; 1)
ISBN 957-547-143-1(平裝)

1. 圖書 - 中國 - 歷史

011.3 82006500

## 文史哲學集成 ①

# 中國圖書史略

著者：昌彼得
出版者：文史哲出版社
登記證字號：行政院新聞局局版臺業字五三三七號
發行人：彭正雄
發行所：文史哲出版社
台北市羅斯福路一段七十二巷四號
郵撥〇五一二八八一二彭正雄帳戶
電話：三五一一〇二八
印刷者：文史哲出版社

實價新台幣一四〇元

中華民國八十二年八月再版二刷


ISBN 957-547-143-1

# 中國圖書史略　目次

# 中國圖書史略

任何一個民族，其圖書的歷史，都是圖畫先於文字。在文字發明之先，古人有所見聞，都用繪圖來表達，此所以在山窟石壁往往發現有先民的繪畫。顯見的例證，如現在傳世的山海經一書及楚辭中的天問篇，其原來的著作僅是圖畫，而爲後人把遠古遺留下來圖繪的意義，用文字記述下來而成書。迨文字發明以後，文字的記述居於主要的地位，圖畫成爲附庸，但仍襲用了圖書這一名辭。

中國的「書」字，是一個形聲字。它的初文僅作「聿」則是一個象形字，象以手執着毛筆的形狀。原意是凡用筆寫的都可稱作書，換句話說，卽文字的記載都是書。後來因爲文化進步，文字記載的品類繁多，爲了確定它意義的範圍，於是在「聿」下加一「箸」字而成爲「書」字。「書」字的古文及篆文都是上半從「聿」，下半從「者」，「者」卽古「箸」字。其意爲用筆著作的方能叫做「書」，這比凡是文字記載的卽稱書，範圍要狹窄得多，譬如金石上的銘文，我們就不便稱它爲書。

中國是一個文明古國，文字起源甚早，相傳是三皇之一的伏羲氏所創造，也有一說是五千年前黃帝的史官倉頡所發明。有了文字後就應當有記錄或著述的書，祇是商周以前的古籍不僅沒有一部留存下來，就是舊籍中有關三皇五帝古書的記載，尚在疑似之間，不能證實。至於對於上古時代的圖書究竟是什麼形象，也無法考知。現在所能確切知道的，是始於西元前一千三百多年商王盤庚遷都到殷地（現在的河南安陽縣）以後的圖書。自殷商以後，中國圖書的歷史，從它的形制或構成可以區分爲下列四個階段：

**一、簡册時代**——這一時期始於殷商，直到東漢和帝元興元年（西元前一三八四—西元一〇五年）蔡倫發明紙止，以竹或木作爲圖書的主要材料。此外在商代還盛行文字寫或刻在龜甲獸骨上，即所謂甲骨文字；春秋戰國之間，並開始知道用帛來寫書。

**二、紙書卷軸時代**—始於蔡倫發明造紙，至七、八世紀之交盛唐時代雕版印刷術發明止，以紙來取代笨重的簡册及昂貴的縑帛，作爲寫書的材料。圖書主要作卷軸形，將已寫好的一張張紙粘成長幅，在末端附着一根軸捲起來，以便於收藏。惟因卷軸不便於查檢，開始改進，漸有作「葉子」者。

**三、印刷書册時代**—中國雕版印刷術的發明，以拓石及鈐印爲先導。七世紀中葉有印佛出現，旋進而有雕版印刷。印刷技術隨着時代不斷的進步，由單色印刷演進到元代的朱墨雙印，明代再發展有多種彩色的套版印刷。由雕版印刷進而發明膠泥、木、銅等各種活版印刷。書的裝式也因印刷的普及而改進，由卷軸變爲葉子，再改進爲摺疊本、胡蝶裝。由胡蝶裝進步爲包背裝、及近代尙通行的線裝。

**四、西洋印刷術影響時代**—自清同治年間始，西洋的鉛活字版、石印法，及各種的照相版印刷術傳來中國後，逐漸取代了舊式的雕版及活版。而圖書的裝訂也在西式影響之下，以迄於今。

茲分別概述之。

## 一、竹木簡册時代

這一時期的書，以竹或木爲主要構成的材料。除了竹木而外，在殷商時代還盛行將文字的記載寫或刻在龜甲與獸骨上，即所謂的甲骨文字；戰國初年並已開始用本來供裁製衣服的縑帛（即絹綢）來寫書，即所謂的帛書或繒書。

**簡冊**　在紙發明以前的書，使用最普遍的要數寫在竹或木上的簡冊。簡是一種用竹木製成狹長形的片條，單指一根稱爲「簡」，把若干根簡編連起來則叫做「册」（或策）。「册」字的古文也是一個象形字，象許多簡編連起來的形狀。簡製作的材料有竹木二種。竹簡的製作法：先將竹截成筒，再破成一根根狹長條的簡。這種新竹的簡尙不能卽用來寫書，除了要打光它的竹節處外，還需要經過一番修治的過程，稱爲「殺靑」與「汗簡」。「殺靑」者，刮削去竹面的靑皮，因爲靑皮不能固墨，文字容易磨滅。「汗簡」者，炙去新竹的水分，有水分則容易蛀蝕。水份經火炙烤而出，凝在竹面，有如汗珠，故名汗簡。這是兩種不同的修治手續，前人或以爲「殺靑」就是「汗簡」，似與事實不合。經過殺靑汗簡以後的竹簡，才可以繕寫書，故後代以「殺靑」一詞比喻著作脫稿。木簡的製作則比較簡單些，將木材解析成條片經乾燥後，卽可以寫書。古人製竹簡大抵用肉竹，製木簡則多用松、杉、柳等木材。

簡册的長度，按古籍中記載，通常有漢尺二尺四寸、一尺二寸、及八寸三種規格。重要的書如儒家的詩書等六經，皆用二尺四寸長簡大册；次要的如孝經用一尺二寸簡，論語等則寫以八寸簡。二尺四寸的大册，古人尊稱曰典，漢代特別尊崇六經，故用大册書寫。後代習稱經典，卽由此而來。近代在武威漢墓中所發現王莽時代的幾種寫本儀禮，各簡的長度皆在五五至五六公分之間。漢尺每尺約爲二三公分，五五公分正當漢尺二尺四寸，可證舊籍的記載無誤。用大册書寫重要的典籍，除了有示尊崇的意義外，另一個可能的原因，是六經之文每篇的字數比較多，若用短簡，每簡所能容的字數少，則所需的簡必多，而不便於編册舒卷。據晉荀勗序汲冢書，晉太康年間所發現的戰國時寫本穆天子傳，及後漢書載曹褒撰的禮書，自天子至於庶人冠婚吉凶終始的制度，皆是用的二尺四寸簡。又桓寬鹽鐵論貴聖篇云：「二尺四寸之律，古

簡冊（居延所出漢永元兵物簿冊）

今一也」。是傳記書籍、律文及私撰的禮書，都可寫成大册，則二尺四寸簡，並不僅限於寫六經。除了上述三種的標準尺寸外，據王充論衡稱諸子書爲尺書，則又有作一尺者。武威漢簡中的日忌雜占書，簡長二三公分，正漢尺一尺，與論衡所說合。又長沙出土的戰國時代楚簡，長僅一三·五公分，當漢尺六寸。可知古代竹木簡册圖書的長度，除了二尺四寸、一尺二寸、八寸三種通制外，還有其他的尺寸。至於何書用大册，何書用短簡，似尚無嚴格的規定，完全看抄寫者的需要。好像現代的圖書，在通常的十六開、廿四開、卅二開等三種標準的版式外，也不乏八開、十八開、四十開等別形異制的書册。

古代的簡書皆是每簡僅寫一行，故簡甚狹。簡的寬度，就武威所出的儀禮而言，在四分之三公分上下，約當四分之一寸。至於前人書中或有稱寫作二行或五行者，皆是詔策或公牘，而非書籍的制度。每簡所寫的字數，據舊籍所記，寫爲大册的六經，有作四十字的，有作三十字的，有廿五字或廿二字的，少的有僅寫八字，而近代出土的武威簡儀禮，大抵皆在六十字上下，但有一本每簡率寫一百餘字，其中一簡多的且至一百廿三字。是以每簡所寫的字數，古代也無規定。固須視簡的長度而定，也要看寫書的人所寫字體的大小。這與後代寫本書或刻本書各書的行欵也不一致的情形相同。

古人在著作定稿後，或決定繕寫某書時，卽着手用竹木製簡以供抄寫。一篇寫畢後，用絲繩或韋皮像編竹簾似的編成長幅，而後以最末的一根簡爲軸將字向內捲起來收藏，這樣一捲古人稱爲一篇或一册。內府或貴族藏書講求美觀，多用有顏色的絲繩來編簡。一般士人的書大概只有用韋皮或麻繩來編連。韋是一種柔軟的牛內皮，史記孔子世家載孔子所讀的易經係用韋編，近代居延所出的永元兵器簿七十七簡則是麻繩編連的。編連的方法，通常在簡的上下端各編一道。但遇大册時，也有用三道、四道，甚至多至五道的。例如武威簡古本儀禮，從簡上的遺痕可以看出卽曾用四道、五道編連的。爲了防止簡上下移動或脫落，古人往往在編繩經過的地方，於其棱角上刻削極小的三角形契口，以固定編繩，在長沙及武威發現的楚簡與漢簡上卽可見到。或有以爲古代簡册的編連法，是在簡的上端橫穿一孔，再用絲繩或韋皮貫串後束起來成册。按漢劉熙著的釋名，解釋書契中的「札」說：「櫛也，編之如櫛齒相比也」，釋「簡」說：「間也，編之篇篇有間也」。所謂間，指簡編的簡與簡之間有間隙，卽指的竹簾式編法。札才用穿孔貫串如櫛齒的編法。再從近代敦煌、居延所發現的漢代遺物來看，與釋名所說合。那種有如梳子的櫛齒並列穿孔貫串法，僅只施用於策命及公牘，而沒有用之於編書册者。因爲書册所用的簡數比較多，倘用穿孔串簡法，只能使簡平列，不能舒卷，則不便於收藏。公牘函札或策文的字數少，所寫簡牘不多，櫛比排列，且便於加函縛紮，上加鈐封泥寄遞。故單穿貫孔束編的方法，古代只有函牘及策命等使用，而非施用於圖書。

古代的圖書在每篇文字之後，往往有尾題記該篇的字數。如果該篇有經文有傳注，則或分別記「凡經若干字、傳若干字」。這種計字尾題也爲後代所沿襲，如敦煌所出的六朝隋唐寫本及宋代刻本五經的各篇也往往附記經注的字數。此欵式不知起於何時？也不悉是著者或編者所載？或是像宋元刻本中刻工在版心記大小字數一樣而爲傳抄者所記？但到漢代幾已成爲定例，著者往往在敘記中總記全書的篇數及字數，如史記太史公自敘、趙岐孟子題辭、許愼說文解字後敍等卽其例。一篇寫畢後，因爲係將字向內捲起來收藏，爲了便於識別篇第，所以往往在全篇開首的第一、二兩簡的背面書寫篇題及篇次。卽在第二根簡的背面寫篇題，第一簡的背面寫篇次。如此方式寫，則捲起來後，背面的篇題及篇次字樣在卷子的最外面，由右而左順讀，卽成爲「某某篇第幾」。從所發現武威漢簡的儀禮，可以顯見此格式。古書題篇名大概不出下列兩種方式：一種以書的內容來題篇名，如尙書的堯典、舜典，春秋的十二公等係以所記的事情來題篇；如莊子的逍遙遊、齊物論，墨子的兼愛、非攻、荀子的性惡、正名等等則依義理題篇。這一類依書的內容

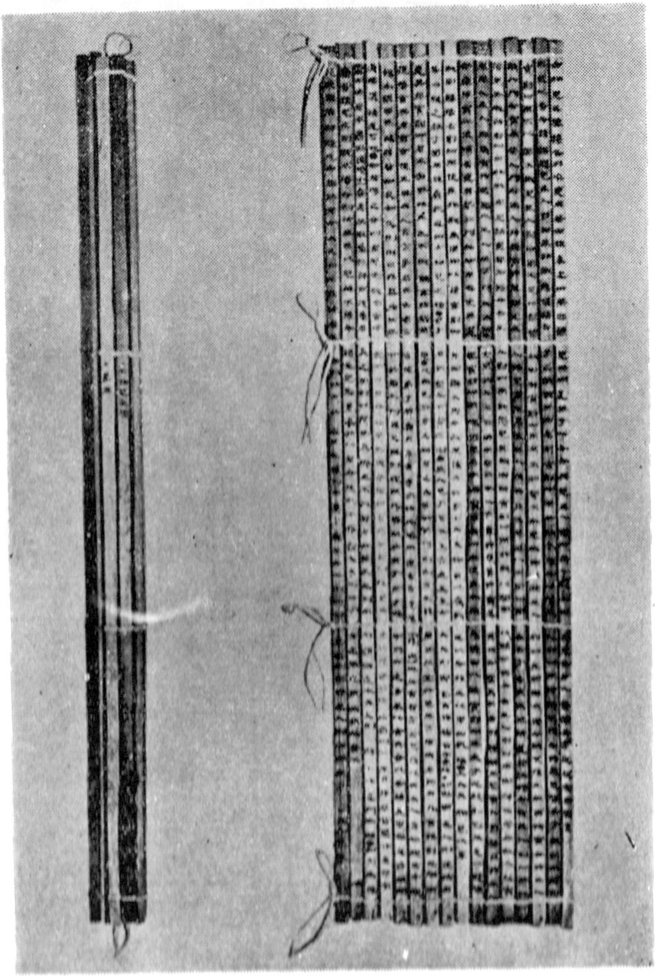

簡冊裝置形式（武威漢簡仿製品）

來題篇；大抵出於著者所自定。另一種非出於自著，而係後人將前人的言行雜記，積章爲篇，編次而成，首尾原無一定者，則摘其第一簡開首的二三字作爲篇題，如論語、孟子的各篇，莊子的秋水、馬蹄等篇皆是。古書每篇但標篇題，而罕有標大題（卽書名）者，因爲古書的篇卷本來可以單行。近人葉德輝（1864—1927）說漢人注本六經，都是小題（卽篇名）在上，大題在下，實在是源於六朝而盛行於唐宋的書式，證以武威漢簡及熹平石經，知漢以前並不如此。

用竹木寫字除了簡册以外，因其用途及形制的不同，還有奏、牘、方版、槧、觚等名稱。用作向皇帝上書的簡稱爲「奏」，形狀亦爲狹長形，可用木或竹製。「牘」、是公私往來的公文函札，較「簡」「奏」爲寬，用木製作，上面可寫數行字。漢代的牘通常長一尺，後人稱信函爲尺牘，卽由此而來，惟皇帝所用的牘長一尺一寸。「方」就是「版」，用木製作爲長方形，每版上多的可寫九行，但也有寫到十餘行，可以容納百字上下，古代多作爲官方文書簿册，私人也有用作記事的。後代雕刻印刷所用的也稱爲「版」，卽因其形制與古代的方版相似，故名。「槧」是未經刮削修治的版，長的有三尺，作爲臨時記事打草稿用的，修過刮削後，可以製作簡牘。以上數種雖然寫有文字，但用途不是圖書。只有「觚」可以說是古代書籍的另一種形式。「觚」、用木製，其形有三面、四面、六面、或八面，每面皆可以寫字，因其形狀略似飲酒器觚故名。古人多用作抄寫供學童誦習的字書，也有拿來記事的。用作抄寫字書，大抵以一觚一章爲標準。古代的字書如倉頡篇、訓纂篇、急救篇等，有以六十字爲一章，有以六十三字爲一章。觚、每面可寫一行，每面所寫的字數，須視觚的面數而定，或八字、或十字、或二十字、或廿一字不等。古人用觚抄字書者，因爲觚可以豎立，放在桌上，可用手隨意轉動，便於兒童誦讀習寫。中國用竹木製成簡牘寫書，至遲在西元前一三八四年盤庚遷都到殷以後就已經開始使用了，雖在紙發明以後，恐怕尙未完全停用，後漢書載安帝初年，吳恢任南海太守時，曾打算殺青簡以寫經書，雖然其事爲其子吳祐諫阻未成，可見仍有人憧憬古制的。一直到晉及南朝劉宋時期，公文戶籍尙偶有用札牘者。

**甲骨**　商代的書，除了寫在竹木簡牘上編連成册外，另有一種形式卽是甲骨文字。存世的甲骨文字是近代在河南安陽殷墟出土的，商王盤庚遷殷以迄紂王亡國二百七十三年間（西元前一三八四——一一一一）的遺物，是三千多年前史官用筆寫或刀刻的眞蹟。商人是一個相信鬼神的民族，殷商王朝每遇有猶疑不決的事情，卽去詢問他們認爲聖靈的鬼神，叫做「卜」。卜的方法是用經過製作的龜腹甲、或牛羊的肩胛骨，在內的一面整齊地予以鑽鑿成一直一橫的漕溝，再在鑽鑿處用火燒灼，則其處因收縮而罅裂，於是在另一面（正面）就出現了似「卜」字的裂紋，史官卽依據卜紋的形狀來判斷所卜事情的吉凶。卜完之後，把所問的事情寫在卜兆之旁，寫完又刻，也有刻完之後，再在文字上塗飾硃或墨，以使字跡明顯，這就是所謂的殷墟卜辭。在卜辭的後面，又往往補寫刻「追記」或附記有關的其他占驗事項的文字。近代所發現的甲骨文字，固然絕大部分是卜辭，依據後代對「書」所下的定義，嚴格地說，還不能稱爲眞正的書。但從已出土的龜版中，曾發現有的在龜尾右下方刻有「册六」、「編六」、「絲三」等字樣，其上方並穿有孔。孔的作用是備貫穿韋編以防散亂。至於册六、編六、絲三的字樣則是該片龜版的編號。由此可以推知殷商甲骨文字原來的放置，似皆有一定的順序，而不是隨便散置的。以韋編貫穿各甲，並編寫順序，與竹木簡牘編册或後代的書裝訂成册並無不同。何況甲骨文字中除了卜辭以外，記事的骨簡也有不少，一根骨簡上面的文字且有多到一百七八十字的。所以甲骨文字毫無疑問的，也是殷商時代視作圖書的另一種形制。漢許愼說文解字序說：「著于竹帛謂之書」，而不說甲骨者，因爲自周以後卽已不用龜卜，許氏未見到罷了。

**帛書**　「帛」是用蠶絲織成的絹綢，或名爲縑，或名曰繒，本來供裁製衣裳的。因爲其上可以使墨，

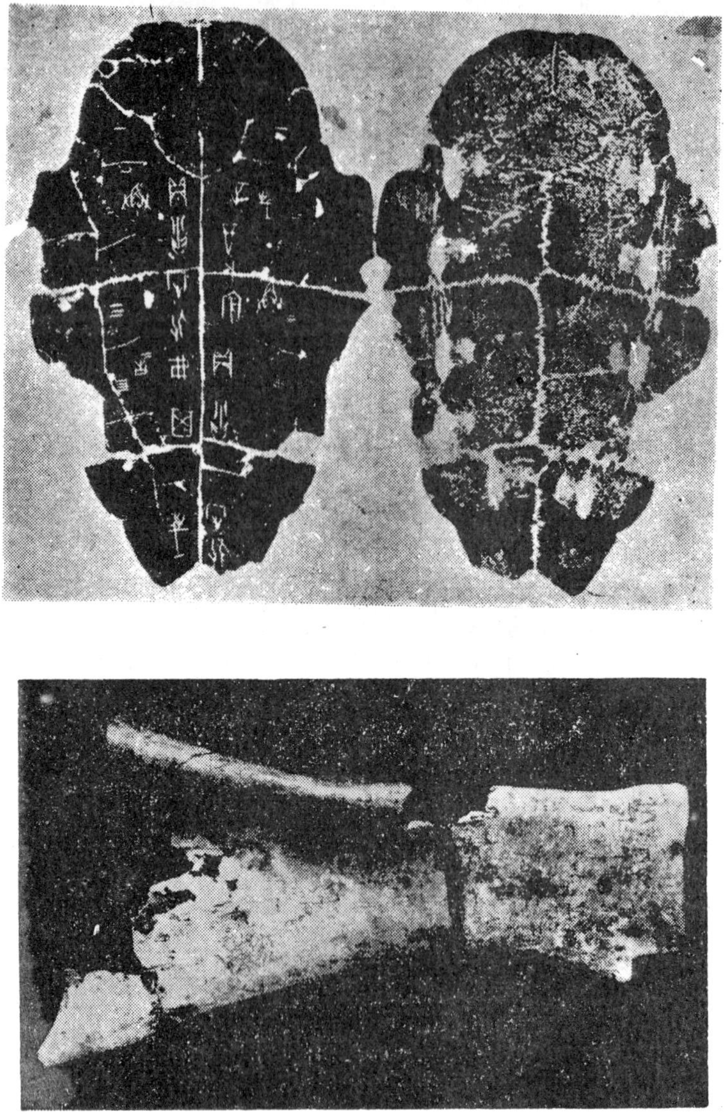

殷墟出土甲骨文（上甲、下骨）

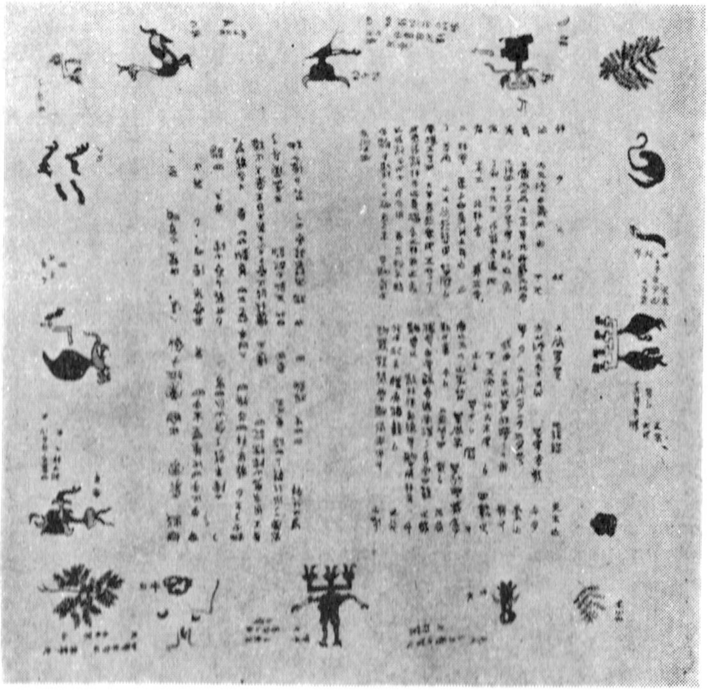

楚帛書（摹本）

故古人也利用來寫書。古代帛的幅度，據近人的考證，每匹以長四丈，寬二尺二寸爲常制。寫書時，看字數的多寡需要，隨時裁截一段以供抄寫。寫畢後，在末端附一根軸捲起來收藏，稱爲一卷。近人或有因爲簡册也是捲起來收藏，遂對於舊說以爲漢書藝文志中所載以卷計的書指的是帛書，而發生懷疑，認爲以卷計的書也可能爲簡册。然而我們細檢漢志對篇卷兩個單位名辭區分的相當清楚，凡是圖繪的必以卷計，沒有用篇計者；就是附有圖繪的書，如數術略中著錄的，也都以卷計；倘圖文分開的，則圖用卷計，文以篇計，如兵書略中著錄的卽其例。因爲簡狹窄，不便於繪圖，圖繪必爲帛書。如果原書本來是簡篇，內府改寫爲帛書的，則漢志必篇卷並記，例如爾雅著錄爲三卷二十篇。故古書稱篇的必係指的簡册，稱卷的當是帛書，應無可疑，不因簡册也係捲起來收藏而稱爲卷。

用帛寫書開始於什麼時候？現尙無資料可以確考。按論語中記載子張曾把孔子所說的話，臨時寫在他束腰的帶子上。可以推見春秋末年很可能已有用帛寫書的事實，故子張在未携帶簡牘時，得以臨時仿效，利用腰帶作記錄。墨子的書中常以帛與竹並稱，則在戰國初期用帛寫書已經相當的流行了。現在存世的有一九三八年在長沙古墓中發現的一塊戰國時代楚國的帛書，中爲文字，四周彩繪十二月的神像，從此遺物可以略窺古代用帛寫繪圖書的大概。帛比竹木簡牘要輕便，但古代帛貴，故在使用上仍不如竹木普遍。用帛寫書歷秦漢，直到紙發明後，尙未卽廢止。東漢時，有錢的人仍多用縑帛代紙，民間的習俗尙以用紙寫書送人爲不恭敬。晉初荀勗領秘書監時，曾主持整理繕抄內府藏書，據史書記載，說：「書用湘素」，則知晉初內府尙多用淡黃色的帛來抄書。此後用帛寫書的事，雖未見於記載，但唐宋時代，名家揮毫作書，仍不乏用素牋的，尙是古代帛書的遺制。

**寫書的工具** 古代寫書所用的工具，除了甲骨文字需用銅刀契刻及塗飾或圖繪需用丹砂與其他顏料外，一般常用的則有毛筆、墨、書刀、鉛等。因為中國自來相傳有秦代的將軍蒙恬造筆之說，遂對蒙恬以前究用什麼工具寫字，不免生出種種的臆測。或因漢晉人著作中形容古書有蝌蚪文漆書的記載，於是以為先秦時代的筆必係竹挺，醮漆在竹木上寫字。或因漢人常用書刀，於是以為古人必用刀代筆，在竹木簡牘上刻字。姑不論中國筆字是一個象形字，象以手執着有毛穎的筆，也不論近代在殷墟發現的實物足以證明殷商的文字必係用毛筆書寫，即在先秦的古籍；如爾雅、詩經、莊子等書中皆不乏用毛筆的記載。惟是先秦時代的毛筆，據晉人崔豹在古今注一書中解釋說，係用兔毫竹管製成，蒙恬始改進用枯木作管，其毛穎部份，中心用鹿毛，外層用羊毛，僅是在製作原料及技術方面的改良，並不是毛筆的最初發明者。近代在居延、武威所發現的漢筆，與崔豹所說大致無殊。古墨、大概是用松烟製成的丸墨。鉛是供臨時記錄或打草稿用的，有如現代的鉛筆，不過古人用鉛塊。西京雜記記載揚雄經常携着鉛及槧，隨同上計的官吏，沿途採訪記錄各地的風俗與方言。書刀又名「削」，是一種鋒刄向內的小刀，古人用備刮削簡牘上誤寫的錯字，以便在原處改寫正字。史記稱孔子作春秋，筆則筆，削則削。筆謂記敘，削指刪削，並不是用來代替筆刻字的。

## 二、紙寫卷軸時代

用竹木製成簡牘寫書，固然價廉易得，但太過笨重，僅僅一部六經的正文，即需用一二輛馬車來載運。縑帛雖輕，惟其價昂，雖西漢內府的藏書，也不能全部用帛抄寫，更何況一般的讀書人。為了促進文化的發展，於是有紙的發明。

**紙的發明**　造紙術是中國對於世界文化的一項重要貢獻。按中國歷史的記載，紙是湖南桂陽人宦官蔡

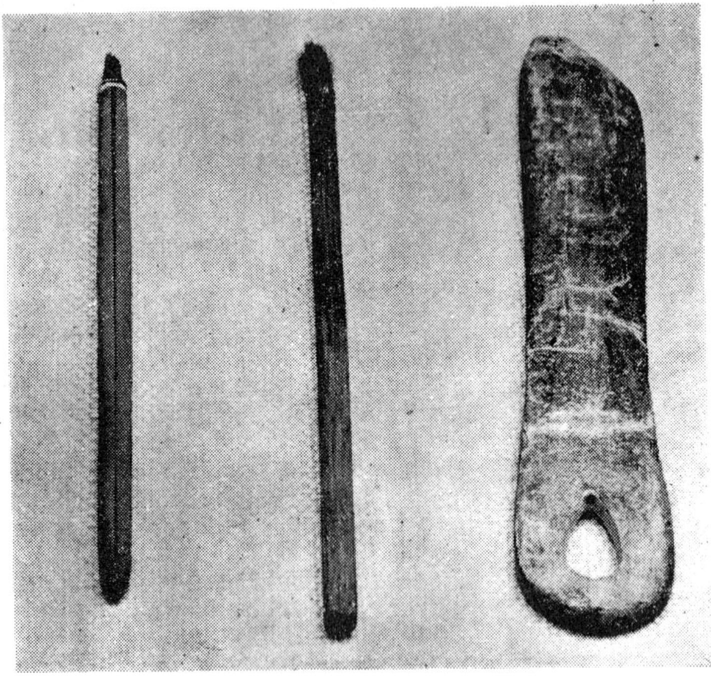

筆與書刀(仿製品)

倫在東漢和帝元興元年（西元一〇五年）發明的。但根據其他的文獻，早在蔡倫以前一二百年的西漢，就已經有名爲「紙」的物品存在。蔡倫以前的紙，是古人製造絲棉的一種副產品。在水中漂擊蠶繭製作絲棉時，沉澱有殘餘的廢絲纖維。這些廢絲纖維用薦子從水中提取出來，即在薦面結聚薄薄的一層，俟稍乾揭下，則成絲紙，卽古人所謂的「方絮」。故原始的紙是絲製品，薄而幅面小，產量也很少，用途不廣，恐怕還不能充作寫書的材料。蔡倫卽在此製造絲紙舊有的技術基礎上，改良用樹皮、麻以及用過的破布舊漁網爲原料，以替代絲，製造純植物纖維的紙實驗成功，因其價較縑帛或絲紙低廉甚多，也比竹木簡牘輕便，故天下莫不從用，而以紙的發明歸之於蔡倫。竹與帛在紙發明及普遍以後，雖然在中國歷史上仍沿用了一段不算太短的時期，但終歸於淘汰。

**紙書的形制**　紙寫圖書在形制上，承襲了簡册與帛書兩者。漢晉時代的紙幅大小如何，尙乏記載可考。唐代的紙幅，據宋程大昌演繁露引唐李義山集新書序，曰：「治紙工率一幅以墨爲邊準，用十六行式（原注：言一幅解爲墨邊十六行），率一行不過十一字」。李商隱所說的字幅可寫十六行，行十一字，雖與近世敦煌所出六朝以至唐代的寫經紙幅，不完全相同，但是字有大小，李氏所指的或是通常的情形。唐以前的紙幅就前代的記載及近代的遺物來看，大抵高不過一呎，寬不過呎半，古紙的幅度，大槪也與之相若。爲了模倣帛書的形制，於是將若干張紙以漿糊粘成長幅，在末端也附一根軸捲起來收藏。爲了便於直行書寫，使行與行有間隔空隙，以鉛將紙上下劃線分別界欄，卽唐人所謂的「邊準」，宋代所謂的「解行」，明淸以來所稱爲「絲欄」的，實係簡册的遺制，展開卷子，一行行的文字，就好像簡牘的編連一樣。

紙寫卷子的軸有竹製、木製、稍講究的則用漆或琉璃，甚至有鑲以象牙或玉的。爲了保護卷軸以防磨損，則在卷外包裹以「帙」，「帙」、卽書衣，通常以布或綢製作，敦煌所出唐代卷軸中也偶有用細竹籤為書帙的。古書卷數較多的，大概以十卷為一帙，小部頭的書也可以三五卷或僅一卷為一帙。不過集許多卷為一帙的帙，似乎不是裹在卷軸外的書衣，而是套起來的書囊。梁阮孝緒七錄序說：「晨光纔啓，湘囊已散；宵漏既分，緗帙方掩」。別囊帙為二。惟自東晉以後計圖書的數字皆云「若干帙若干卷」，而不以囊為計算單位，或囊亦可名帙，但形制似與包裹一卷的書衣不同。唐韓愈贈李泌的詩有云：「鄴侯家多書，插架三萬軸，一一懸牙籤，新若手未觸」。所說的「牙籤」，是古人為了便於檢取，在卷軸上懸掛上寫明書名卷數的象牙製作的籤牌，以資識別，有如後代的書籤。印刷術發明後，卷軸變為書册，書帙及籤牌廢而不用，但自宋以來書畫卷軸的典藏仍保存了這種形制。

古代造紙，為了防止蛀蝕，多用黃檗樹木的汁來染紙，謂之「裝潢」。後代以裝潢解釋書畫的裝裱，則已不是它的原義了。黃檗是芸香科的喬木，其效用能避蠹，故古人用來染紙，所以古紙多呈黃色。因為紙多為黃紙，古人抄寫書的時候遇有寫錯的地方，恐怕刮洗傷紙，貼紙又容易脫落，遂用雌黃塗抹在寫錯的字上面。雌黃是一種礦物，與雄黃相類，其顏色與裝潢過的紙色相似，可以塗滅字迹。故古人用來校書，而後將改正的字寫在所塗的雌黃之上。猶如現代作水彩畫，在畫錯的地方塗上鉛粉，而後再畫的情形一樣。晉代的王衍善於談論，遇到自己引經據典有引錯了的時候，輒隨口改正，當時人謂為「口中雌黃」，乃拿校勘圖書來作比喻。後代常用信口雌黃一語來形容人胡亂發言，則已經失去了雌黃原來的意義了。

**圖書形制的改進**　紙寫卷子圖書比起簡册來固然是輕便得多了，只是一卷書往往長達丈餘，閱讀起來，舒展及捲起來相當的麻煩費事。假如從頭到尾順讀，舒捲的麻煩倒也可以容忍。倘若僅需要查閱卷子中間或卷末的一段文字或一句話，勢必要將卷子前面的部分完全解散，這就很少人有耐心了。古代有幾種僅供查檢的書：一種是類如現代的字典的字書，譬如漢許愼的說文解字、梁顧野王的玉篇等；一種是類似現

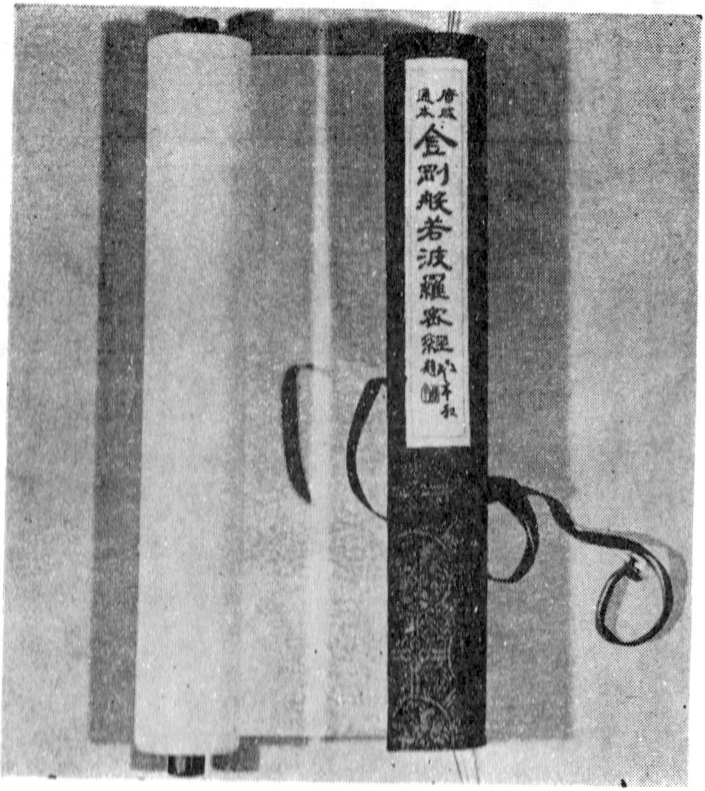


卷子本裝置形式

代百科全書的類書，如曹魏時編的皇覽、梁劉孝標的類苑等；再一種爲韻書，如陸法言的切韻、孫愐的唐韻等。前兩種查檢的時候尙比較少，而後一種，在詩學發達的時代如唐代，則使用頻繁。唱酬咏哦之時，需要隨時翻檢。卷軸式旣不便於查檢，乃不得不謀求改良。改良的第一步則是變爲「葉子」。

**葉子**　自紙發明以後，中國的圖書都作卷軸形。但尙另有一種外國裝式的書，傳來中國的也不少，那就是印度的貝葉經。唐代以前，印度尙不知造紙，其國的佛敎經典都是用所盛產的貝多羅樹葉裁成長方形，經過製作後來抄寫的。積若干葉後，上下用夾板，再以繩縛紮，稱爲一夾。東漢以來印度或西域的僧人來中國弘法，或中國的和尙往印度求經，所携來的都是這種貝葉經。如北齊文宣帝請那連提黎耶舍翻譯佛經，將宮中所藏梵本一千餘夾送往天平寺中（續高僧傳卷二），唐玄奘法師自印度運返的佛經六百五十七部、五百二十夾（慈恩法師傳），卽是例子。這種一張張單葉的經，如果查某一段，只要檢出那一葉就可以了，毋需像卷軸一樣前面不看的也要解散。中國卷軸圖書的改良，第一步卽模仿印度貝葉經式，不再將一張張的紙粘成長幅，只要保持原來的單張積起來收存，這就是宋人所謂的「葉子」。中國的圖書爲什麼稱一張爲一葉，卽源此而來。「葉子」旣是一張張的散葉，必須加以裝置，才不致容易散失。裝置的方法，一種可能仿印度貝葉經用夾板，另一種則用函裝。「函」的本義爲容，有如盒子，可以盛物的櫝也可稱函。古代有所謂玉函、石函，都是用來盛裝珍貴的物品。至於到什麼時候始借用這個名詞來作爲圖書的一種裝置？葉德輝氏認爲自南朝蕭梁時改卷軸爲摺叠本以後，裝書始用函；並且說當時護書的帙，應當叫做函（書林淸話卷一書之稱函篇）。他認爲用函裝書起於改卷軸以後，誠然頗有識見，但他以爲摺叠本始於晋代，並由此推衍說蕭梁以後的書帙應當稱函，則是他對於「本」字的誤解，而作的揣測之辭，實不足信。「帙」是用作包裹卷軸，「函」是用作盛置圖書，二者的意義及形制並不相同。而且在唐以前只有書帙，並無書函的記載。根據文獻記載，用函裝書最早起始於唐。唐代詩人孟郊（七五〇—八一四）讀經詩云：

垂老抱佛脚，教妻讀黃經。經黃名小品，一紙千明星……拂拭塵几案，開「函」就孤亭。儒書難借索，僧籤饒芳馨。（孟東野詩集卷九）

用函盛書，當在改卷軸爲葉子以後，後來書册盛行，尙一直沿用這種方式來保護圖書。

「葉子」起始於什麼時候？尙無記載可考。宋代的歐陽修在所著的歸田錄中說：唐代中葉以後流行有一種供遊戲的葉子格，這種葉子格是模仿供查檢用寫成葉子形式的圖書而作成，故名。根據他的說法⑥葉子格既係仿葉子而作，則葉子的起始必較早，至遲應當在唐中世以前。再從其他的種種跡象來看，大約在唐代初年，中國的圖書就已有改成葉子式的了。依唐釋道宣的續高僧傳及宋釋贊寧宋高僧傳中，記載自唐太宗貞觀（六二七—六四九）以後的和尙讀佛經，每每以能通若干紙來計數，這與所記唐以前的和尙讀經以卷計不同。若干紙固然尙不能就說是葉子裝的若干葉，但與葉子制的通行，不能說毫無關係。又按釋法聰傳載：貞觀廿一年法聰法師應海鹽縣的邀請，前往講涅槃經，在他講畢後，遺留下幾紙經書。假如他的涅槃經是卷子的話，一卷首尾相連，當不致會遺下幾張紙，可見必爲散葉，才有遺落的事情發生。再按釋一行傳載：一行奉玄宗詔，入宮對玄宗說自己的長處，惟能强記。於是玄宗命取宮中的書籍給他看。傳說：「行周覽方畢，覆其本，記念精熟，如素所習。唱數幅後，帝不覺降榻稽首曰：師實聖人也」。說一行「覆其本」，而不說他掩卷。下並云「唱數幅」，可見內府的圖書也有作「葉子」式的。此類的例子在唐人著作中還很多，足以證明「葉子」制在初唐已開始有了，盛唐以後漸漸推廣。

唐代的「葉子」，雖說是仿自印度貝葉經，但形制則略有變通。貝葉經的形式，因貝多羅樹葉受天然的限制，爲狹長形。而梵文是由左而右橫寫，所以形成上下較窄的扁狹長方形。但是這種形式，對於由上而下直行的漢文字，寫讀起來就不太適宜了，故唐代的葉子不能不變其制。依據前人的記載及近代發現的遺物來看，大約有兩種形式：一種雖然作扁長方形，但上下比貝葉經加高，寬與高的比例約在二比一以至三比二之間。唐代紙幅高寬的比例亦約爲三比二，由此推想唐代的葉子，大概就是以一幅爲一葉。因爲這種葉子的紙幅寬大，爲了便於藏檢，唐人多採用硬黃牋。例如式古堂書畫彙考卷八著錄的唐貞元十一年釋義道手寫的法華經，及元虞集道園學古錄卷卅八寫韻軒記一文中，說到他曾見過唐仙人吳彩鸞手寫的韻書三四部，這都是唐代的葉子，而皆云：「硬黃書之」。所謂硬黃牋，據宋人書中記載，是將紙放置熱熨斗上勻塗黃蠟，使其透明，本來是供臨摹書法用的。而唐人以葉子寫佛經及韻書也往往用硬黃牋者，似乎是取其比較硬挺，適宜於翻閱收檢。好像後代的書畫，作册葉裝置時，必裱在較硬的紙上一樣。

葉子的另一種形式，除了尺寸較小而外，與貝葉完全無異，所不同的只是變貝葉經的橫式改爲直式，成爲上下高濶，左右狹窄。如清乾隆十一年四川潼川琴泉寺寶塔中所出，王蜀時代（九一九—九二五）宰相王諧手寫的葉子法華經，每葉五行，行十六字，見藝風藏書續記卷二。又敦煌所出，現藏法國國家圖書館的西元九五〇年印本陀羅尼咒七葉，係從一塊雕版上印成而後裁開的。上面所舉的二件貝葉式葉子，雖皆是五代時的遺物，不過五代時所流行的這種裝式，很可能淵源於唐代。唐天才詩人李賀送朋友沈亞之的詩，有云：「白藤交穿織書笈，短策齊裁如梵夾」（歌詩編卷一）。李賀卒於憲宗元和十一年（八一六），年僅二十七。沈氏的藏書既有「齊裁如梵夾」的，可見中唐時代已經有人把書裁成貝葉式的葉子來收藏了。

「葉子」比起卷子來，無疑地查檢起來要方便得多。但是它不像卷子是將紙黏連成長幅，當然比較容易散失錯亂，所以法聽法師在海鹽縣講涅槃經，才會遺下幾張紙。因之唐釋玄逸曾喟嘆的說：「若犍度失

摺本裝置形式

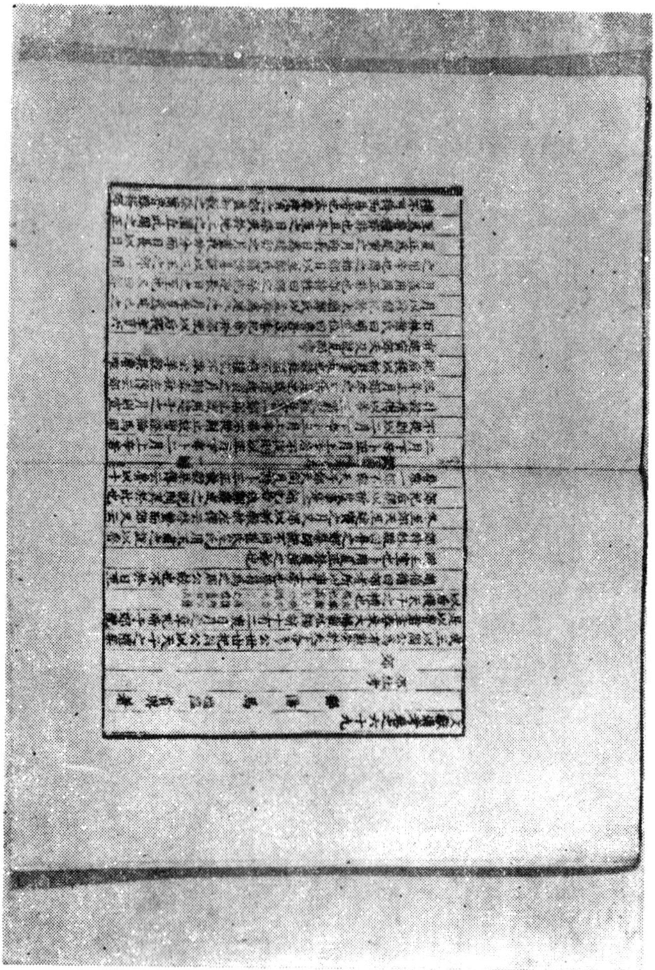

胡 蝴 裝（元刻本文献通考）

其夾葉，猶禮記脫錯先後」（宋高僧傳卷五玄逸傳）。葉子既有此缺點，故歐陽修說，凡有常備檢閱的書，始用葉子來寫，這恐怕是葉子不太流行的主要原因。於是又從而改進，這種改進，係沿着兩種不同形式的葉子分途發展，由貝葉式的葉子演進成爲摺疊本，幅葉式的葉子則進步成爲宋元通行的蝴蝶裝。這時雕版印刷術早已發明，並且相當地普遍了，但卷軸裝式並未卽廢，後代的書還偶有採用者，北宋開寶年間所刻印的大藏經，及金代平水地方所刻印的趙城藏經尙仿古作卷軸式，此後則只有書畫沿用了。

# 三、印刷書册時代

用紙寫書比起竹木簡册來當然要輕便得多，但用手抄寫費時，終究不能大量的生產，以使知識普及。根據隋唐時代的高僧傳記中記載，那時似乎有一種專門職業—寫經生存在，他們抄寫同一部佛經動輒以千百份計，而且抄寫的索酬也並不低，寫一張紙，多的要到二百五十錢，少的也要數十錢。在這種人力財力浪費的情形下，自然會有人想到如何用複製的方法以替代重複的抄寫。佛教信徒是很重視作功德的，佛教所謂功德，卽修善行以祈福。作功德的方式很多，雕塑佛像、抄寫佛經來施捨於人供養誦諷，也是功德之一。豪富之家可以請人抄寫塑雕，無錢無暇的人則希望有廉價的代用品。自六朝以來，佛教在中國非常的盛，在這種情形下，印刷方法的產生是很自然的事情。

**印刷術的前驅**　印刷術的發明，是中國對於世界文化的另一項重要貢獻。印刷術能够在中國最先發明，則不能不歸功於中國已有的兩項技術基礎，卽是拓石與鈐印。中國至遲自殷商以來就習慣用印章作爲憑信。把姓名或職銜寫成反文刻在木石玉銅或象牙上成爲印章，印章初期施用於封泥上作爲封緘之用。到用帛及紙發明以後，則醮朱色印泥鈐在帛或紙上。無論是鈐在封泥或帛紙上，原來的反文則成爲正字。後來道家的符籙也有刻成印章式而施於封泥的。到東晉時，印章發展到且有長至一尺二寸，寬二尺五分，以及上面刻的文字有多到一百二十字的，這種大印章幾乎與後來的雕版相似，只是那時僅知道鈐蓋，尚不知道刷印的方法。

把文字正寫刻在石碑上，在中國發生也很早。現存最早的石刻有先秦時代的石鼓文、詛楚文，秦始皇以後刻石紀功的事情較爲普遍。東漢末年且有把儒家的經典刻在石碑上，作爲官校的定本，豎立於洛陽太學門前，以供全國讀書人來校勘或傳抄。曹魏正始年間又重刻過一次。至遲到了南朝蕭梁時代（五〇二—五五七），有人想出了用紙墨拓取石碑上文字的方法。將紙複在碑文上，用棉球醮墨在紙上細打，然後揭下，卽成爲墨底白文的拓本，卽唐人所謂的「打本」。唐代甚至有專門爲了打本而將文字刻在石碑或木板上的。「打本」在技術方面雖然與雕版印刷不同，但對於墨的使用多少可以提供一點技術。中國雕版印刷術的發明，無疑地就是在上述兩種技術聯合運用下所產生的。

**印刷術的萌芽**　中國的印刷術究竟起始於什麼時候？史册上沒有明白的記載。因之自來的學者有各種的推考，早的有謂始於東漢靈帝時的，其次有始於北齊之說，以及始於隋代之說。固然我們並不能武斷的說，印刷術不可能起始於隋代以前，但上述三種說法立論的根據，實在是前人對於古籍文義的誤解，在未獲得進一步的證據以前，尚不可信。在中國現存的文獻中，敍及印書的事，最早不過九世紀初期的中唐時代。現存記有年代最早的印本書，是敦煌所出，現藏大英博物館的唐懿宗咸通九年（八六八年）王玠刻印的金剛經。但這一件印刷品的印刷技術已是相當的進步，顯非早期的印品；必定經過較長時期的演進，始克達到如此的水準。另外在敦煌及新疆境內所發現的唐代遺物中，似乎有較早的印本，但尚無法考出其年代。故對於中國印刷術起源的時代問題，只有尋求旁證來推測。鄰近中國的日本與韓國，是接受唐代文化

唐咸通九年雕印本金剛經（敦煌所出）

薰陶最深的兩個國家，都曾派遣許多學生到當時的首都長安留學，歸國時多帶回了書籍。有的見於記載，如八六五年宗叡回國，携帶了一百四十三卷書，其中有抄本書，也有印刷的書。日本現存最早的印本，是由稱德天皇於七六四年下令着手，迄七七〇年印畢的百萬塔陀羅尼經，而由曾在長安留學達十九年之久的東宮學士吉備眞備所主持。吉備之建議以印刷來代替手寫，極可能他在留學期間曾目睹這種新方法，而回國仿效。韓國現存最早的印本是一九六六年在南部光州的盤谷寺內寶塔中所發現的達摩經卷。據考證此寺建造於七五一年，寺內的寶塔及所貯的佛經當亦在同時建造印成。達摩經是由曾在長安留學了廿四年（六八〇—七〇四）之久的新羅和尚彌陀仙用漢文譯成。以新羅與唐代文化關係之密切，經文由留學中國的和尚翻譯，則此經之雕印也極可能是受中國的影響。由此旁證來推測，中國印刷術的起源，至遲不會晚至八世紀初葉盛唐以後。

在中國現存的印品中，固無早於盛唐的實物，也無印書可信的記載。但據文獻，在唐代初年却有印佛像的事。唐馮贄雲仙雜記卷五引僧園逸錄說：「玄奘以回鋒紙印普賢像，施於四衆，每歲五馱無餘」。雖然雲仙雜記一書，前人對它懷疑的很多，以爲是宋人僞撰託名的。但據唐釋慧立所撰大慈恩寺三藏法師傳載玄奘法師曾「造像十俱胝」。俱胝是梵文中一個數目字的釋音，據一切經音義解釋爲一億，即一千萬，也有解釋作十萬或百萬的。不論俱胝作十萬、百萬、或千萬來解釋，十俱胝總是一個相當龐大的數字。造十俱胝的像當然不可能是雕像，也不會是繪像。因爲據玄奘法師傳中所述的雕像最多不過二百餘軀，繪圖最多也只有一千幀。造十俱胝的像絕不可能爲雕像或繪像，只有一種情形，用印刷的方法，才可能有那麼許多。故雲仙雜記引僧園逸錄所說玄奘印普賢像施人的事，實與玄奘傳的記載契合。我們不能因爲這部書的作者，有出於宋人僞託的嫌疑，而連它引錄的記載也不相信。

玄奘用什麼方法印成普賢像，我們根據敦煌所發現的唐代遺物來參證，似乎即是將佛像刻成印章式樣，醮墨鈐蓋到紙上而成。在敦煌石室中發現有這類佛印實物，以及許多整卷紙上鈐蓋了成百的小佛像。用佛像印章鈐蓋到紙上，印成佛像，尚不同於雕版印刷。在方法上雖然還不脫印章使用的範疇，但是在人類的思維上，却有了不同的意義。由僅是憑信的作用，演進到可使圖像印製迅速的概念，不能不說是思想上的一個進步。雖然距離文字的印刷，可能還有一段歷程，但有這種思想作爲動力，相信不會太遠了。玄奘法師生於隋開皇二十年（六〇〇），卒於唐高宗麟德元年（六六四），若說在第七世紀結束以前，中國雕版印刷術就已經開始萌芽了，應該是可相信的。

**印刷術的普及**　在西元第九世紀中晚唐時代，雕版印書的風氣，已經相當的普遍了。自刻書的地域來說，見於記載的，至少有四川、河南、淮南、浙江、江西、陝西、幾遍及於黃河長江流域，且遠至西陲敦煌，也有雕版印刷的事。自雕印的範圍來說，除了佛教的經咒而外，有詩集、曆書、字書、小學、以及陰陽五行一類數術的書。不僅是短篇的民間通俗印刷品，甚至大部頭的，士人必讀的小學書，如五卷的廣韻、三十卷的玉篇，都曾印過。那時雕印的技術，我們可從敦煌所出八六八年王玠印金剛經卷子見到。其印刷之清晰，字體的遒勁，卷端圖像雕刻的生動，足覘已經相當的進步，決不是短時間的發展就可以達到這種水準的。唐代利用這種新發明的印刷術出版圖書，尚只限於私人。官府的雕印書籍，要到五代時才開始。五代後唐明宗皇帝滅前蜀以後，曾想稽古右文，踵漢唐的盛事，雕刻石經，豎立於國子監。但終因政府的財政支絀，才由宰相馮道建議，改委國子監用木版雕刻印刷。這項工作，從明宗長興三年（九三二）開始，直到周太祖廣順三年（九五三）才畢工，前後經歷了唐、晉、漢、周四個朝代，費時廿二年。所雕印的除了九經三傳以外，並附五經文字、九經字樣兩種。稍後，在顯德六年（九五九）國子監又刻了一部經

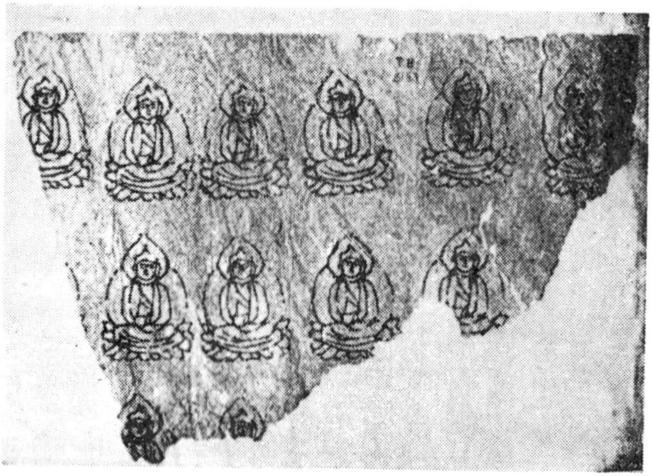

佛印與鈐印本

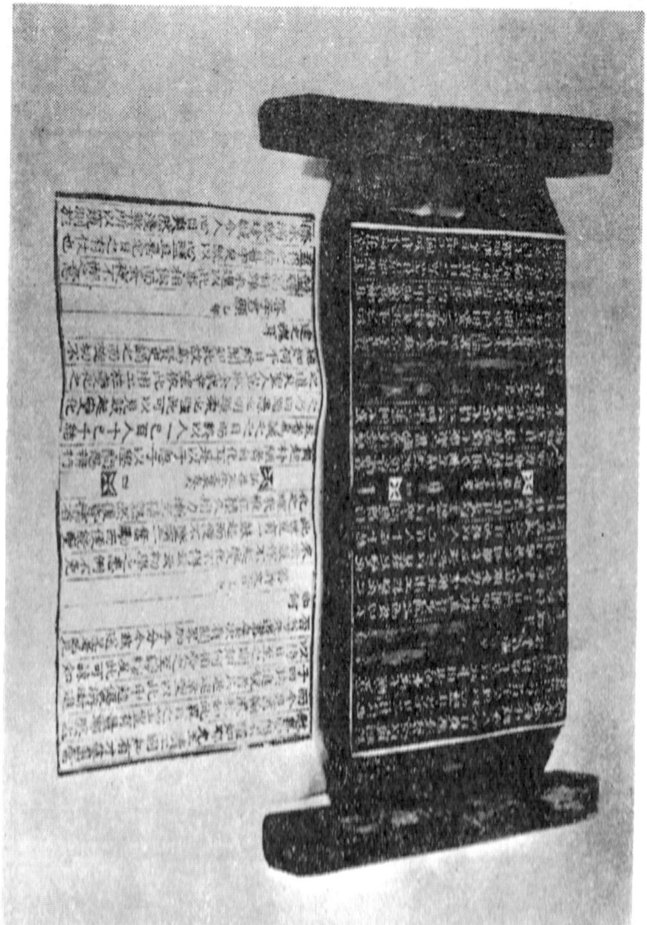

書版

典釋文。五代國子監刻印九經三傳，的確是中國圖書史上一件值得大書特書的事，這是官刻圖書之始，也是儒家經典有印本之始。因爲政府採用雕版印刷術的鼓勵，使得印刷業更得發展而愈臻於精美，開兩宋官私印書之盛。

**摺本與胡蝶裝**　當印刷術萌芽之初，中國書裝因卷軸不便於查檢，於是有改作「葉子」者。然「葉子」容易散失錯亂，不得不再作改進。新的改進的進行，則在印刷術普及以後。宋羅壁識遺卷一說：

「唐末年猶未有摹印，多是傳寫，故古人書不多而精審。作册亦不解線縫，只疊紙成卷，後以幅紙概粘之（原註：猶今佛老書）。其後稍作册子」。

羅氏的意見，書裝的演進，在唐代末年先有摺本，後有册子。但考諸文獻，似不相合。按北宋初年孫光憲北夢瑣言卷四載：

「盧光啓策名後，歇歷臺省，受知於租庸張濬。清河北征幷汾，盧每致書疏，凡一事別爲一幅，朝士至今效之，蓋八行重疊別紙，自公始也」。

此處所謂的重疊別紙，當是後代奏摺的濫觴。中國的奏議書疏，在唐代以前，都用卷子，所謂的「行卷」，盧光啓始改爲摺疊。張濬征幷汾事，按史書記載在大順元年（八九〇年），與羅氏所說的唐末合。惟盧光啓改書疏爲摺疊，不知係受圖書形制變遷的影響，抑圖書受彼之影響而改變，因無資料可考，然其先後應相距不太遠。而册的出現似稍早。「册」字、本來是簡牘時代圖書的名稱，將許多根簡編連起來才稱作册。卷軸時代此名詞已廢而不用。後代借用這個字再作爲圖書的名詞，根據它的原義，必定是在將書葉連訂在一起以後。所以我們習稱散葉謂之葉，積若干單葉合訂才叫做册。唐代的葉子係散葉，尙不知道合訂的方法，故還不能稱册。考記載後代書册最早的資料，是范攄所著的雲谿友議。其書卷中載劍南西川節度使張延賞的女婿韋皐離川東遊，張延賞贈送他七四驢子馱載的物品，以壯行色。然而皐每到一驛站，卽附遺還一馱。行經七驛，將張氏所送的物品，全部送還。他隨身所帶的，僅其妻所贈的粧奩及他的書「册」而已。這段記載已用「册」字形容韋皐所帶的書。韋皐在德宗貞元初（約七九〇年）代張延賞爲劍南西川節度使。范攄是僖宗咸通時代人（九世紀中葉），卽令韋皐携帶書册東遊的事不確，而范氏已用「册」字形容圖書，則其時必已有將書葉連訂成册的事實。其時代似比摺疊本稍早。

摺疊本是由貝葉式的葉子發展而來，其裝置法：仍將紙粘成長幅，但不作成卷軸，而摺成像貝葉式的狹長形，可以廻環翻閱，宋人或稱爲「旋風葉」。敦煌所出唐人寫本波羅密多經現藏於國立中央圖書館者，現雖改作卷子式，但其中每六行卽有一摺痕，知原本必作摺疊式。又所出五代漢乾祐二年刻本佛經，現藏大英博物館，亦爲摺本凡八葉。此種裝式入宋以後只有釋藏及道藏尚採用，故又名經摺裝或梵夾本。直到明萬曆間嘉興楞嚴寺募刻大藏經，改作方册，摺疊式始廢棄不用。摺疊本大抵每五行或六行爲一摺，刻本書約每版五摺，在版心之中刻記版數。

「册子」則是從幅葉式葉子演進而成，唐代中末期册子的裝訂法不詳。五代以後，採用已廣，五代國子監所雕印的九經三傳，據五代會要載卽作册裝。惟五代監本已無傳，不能詳其裝式。現存南宋初覆刊北宋舊監本爾雅，王國維跋其書，認爲其行款大小與唐人寫諸經卷子，一一相近，云是五代舊式。但覆刊本有版心以記書名卷葉數，與敦煌所出五代刻本版式不同。法國伯希和教授在敦煌石室獲得了五代時雕印的切韻殘紙十六葉，每葉三十四行，每行的字數有廿四、廿五、廿七、廿九及三十等五種，係五種不同的版刻。裝置的方法是字向裏對摺，有如宋代的胡蝶裝。唯一不同的地方，是五代刻本中間沒有版心，以卅四行爲一版，每版的版數刻在每葉正文的最後面。從而知道五代刻本的版式，假如不由中間對摺起來，卽是唐代的幅葉式葉子。字向裏對摺，積若干葉而包以封面封底，用糊粘連，卽成爲宋元盛行的胡蝶裝。五代監本的裝式，恐怕亦爲如此。入宋以後，殆因摺疊處易損傷文字且不易整齊，於是在中間留一空行，刻記書名卷數葉數，卽所謂的版心，其間並刻魚尾以作爲摺疊的準心，又在邊欄的左上角附刻一小匡，內刻篇名，以便查檢，卽所謂書耳，胡蝶裝始發展完成。

**活字版的發明**　雕版印刷術經過了至少三百年的演進，又在政府的倡導之下，到了宋代更加普遍起來，官私書坊刻書極盛，私家且有父子世業的。刻書的範圍，經史子集四部之書無所不包。多請書家手寫上版，刻工亦爲專業，雕鐫精美。上焉者印以桑皮紙，次者印以麻紙，而校勘也謹愼，故宋版書爲後代所珍貴。宋代除了雕版印刷以外，又發明了活字版印書。

北宋仁宗慶曆年間（一〇四一—一〇四八），有冶金工人畢昇發明了膠泥活字印刷術。其方法是用製造陶瓷的粘土雕刻若干常用單字的字印，字印甚薄，約二公厘厚，放在火中燒使其堅硬。另預備二塊鐵板，先在上面舖滿一層松脂、臘、及紙灰之類的東西。要印書時，則取一鐵製的匡範放置鐵板上，乃檢膠泥字印排滿鐵範爲一版，持往火上烘，俟臘脂稍熔軟，再用一平版放在字印上壓按，使字印的表面平整，下部則爲臘脂所凝固不動。一板印刷，另一板排字。俟此板印畢，第二板字已排就，如此循環交替。印畢的板，又放置火上使臘熔，用手將字印拂下，可供再排版之用。每一字皆有數印，如「之」「也」等字預備二十餘印，以備一板內有重複者。不用的字印，依韻分別以木格貯放。倘排板時遇有稀見而未具備的字，亦可隨時雕刻，用草火燒製。這是中國用活字印書之始，比歐洲谷騰堡活字版要早四百年。可惜宋代活字印書現在沒有傳世的，不能覘其印刷的精美如何。

**膠泥活字版的演進**　自畢昇發明膠泥活字後，後代頗有模仿製造的，如元代初年有姚樞敎他的學生楊古仿製畢昇活字印書。除了仿製以外，也有研究另行設計或改進的。大約在宋元之際，有人在版上不用松脂臘紙灰，而改塗以稀瀝青，在上面排燒熟的瓦字印書。或有人不用鐵範，而用泥範，界行內用薄泥以代替松脂臘或瀝青，將熟瓦字排就後，再放入窯內燒成整版來印書。這些新設計，因前人記載不詳，故不悉其效果如何，就常識判斷，似未必勝過畢昇的活版法。明代未聞有製膠泥活字版印書的，入清以後，其法漸廣。康熙末年有山東泰安人徐定仿畢昇法，並加釉製成了瓷活字來印書。道光十年（一八三〇）有書坊七寶轉輪藏用膠泥活字印刷了一部南疆繹史勘本。而製作較精的則爲安徽涇縣人翟金生，他化了三十年的時間研究實驗，製成了一套十多萬字的膠泥活字，字體分爲大、中、小、次小、最小等五號。其特色是字印非雕刻，而以木刻字翻成銅模，再用銅模灌膠泥燒製。道光廿四年（一八四四）製造完成，開始排印書。清代膠泥活字印的書，現尚頗有傳本，其精美決不遜於銅木活字印本。

**木活字的發明**　自畢昇以後，約在元初又有製作錫活字印刷的，並用鐵條嵌在盔內作介行排字印書，但金屬活字難以刷墨，往往印壞，故錫活字的試驗未能成功推廣。元成帝元貞元年（一二九五）有山東東平人王禎任旌德縣令時，發明了木製活字印書法。他把他設計的木活字印書法詳細地記載了下來，附在他所撰的農書後面。其特色倒並不是刻字、排字、介行等方法，而是他新設計的檢字韻輪。在他以前的活字印書時檢字排版，皆是將字印依韻分貯於木格中，由排版的人按韻去覓字。韻母既多，排貯的面積較廣，排版的人須來回奔走以檢字。王禎設計了一種韻輪，用較輕的木材製作大輪，輪盤的直徑約七尺，中貫一輪軸，軸高約三尺許。另用大木鑿孔，上作橫架，中間貫穿輪軸，下置一臼，以承輪軸，可以轉動輪盤。輪盤用圓竹間隔成若干小格，依韻編號排列活字。通常製成兩個輪盤，排版時，一人中坐，可左右轉動輪盤檢字。其優點爲可使字就人，而非以人尋字。如韻內所沒有的稀見字，可隨時令刻工添補。印畢撤版，也可用此法將字印歸還韻輪原處。自王禎發明木活字後，明淸兩朝仿製的很多，較著名的大書如淸武英殿聚珍版叢書及續資治通鑑長編，卽用木活字印成。

**銅活字的淵源** 宋元有膠泥及木活字的發明，入明以後，又有金屬銅活字的推廣。用銅製活字印書創始於何人，現尙無可考。死於嘉靖六年（一五二七）的祝允明嘗說：「自沈夢溪筆談述活版法，近世三吳好事者盛爲之」。祝氏此語殆指無錫華氏會通館、尙古齋、蘭雪堂、及安氏桂坡館等數家大量用銅活字印書而言。現存銅活字印本記有年代最早的，是弘治三年（一四九〇）華燧會通館印的宋諸臣奏議。然華氏印書序文中並未說他創製銅活字。與他同時而稍後的華珵、華堅、安國等人的印書序中也未把銅活字的首創歸之於華燧，知在其前必已有用銅活字者。近代傳世的活字印九行十七字本唐人詩集尙有若干，亦係銅活字印頗精，惟無序跋，不詳其時代，據鑒定約印於明成化弘治間，然確否無考。中國的東鄰朝鮮，在明代初葉，是用銅活字印書最盛的國家。據云在十三世紀中葉，當中國南宋理宗時代，卽曾鑄活字印書。而在一五世紀之初，更大量的鑄造銅活字印書，故近代學者多推測明代銅活字的推廣，或受朝鮮的影響。

朝鮮的銅活字是以字模澆銅鑄字，中國的銅活字究竟是鑄是刻，前人衆說紛紜。然就事理來推度，銅質堅硬，鐫刻費時費力。且每副銅活字，輒以萬計，如一一雕刻，則不合用活字印書的經濟原則。倘從字笵中鑄造，則快捷省事。故邵寶所撰會通君傳，稱華燧「笵銅板錫（鑄？）字」，較爲可信。自弘治以後，以銅活字印書曾盛極一時，僅就現存及可考者計之，已近百種，其中且有多達一千卷的太平御覽。淸初則有內府於康熙雍正間印行多達一萬零四十卷的古今圖書集成。乾隆以後則罕聞，殆因銅價較貴，故以活字印書者改用木及膠泥的緣故。

中國以活字印書，創於北宋畢昇的膠泥活版，歷代皆遞有發明改良，然活字版在中國終不如雕版印刷之普遍。推究其原因，不外有二：一、中國的單字太多，雖爲活字，所需準備的字亦多。因字數過多，故檢字亦較費事。不如西洋併音文字，僅只二十六個字母，刻字、鑄字、檢字具較省事。故西歐活字版發明後，雕板印刷卽廢而不用。二、活字固然可以反複使用，印刷所需的時間較少，如以印刷一次的成本而言，自較雕版爲輕。然前代一次所需的印數有限，譬如萬曆二年（一五七四）福建以銅活字擺印的太平御覽，在版心註明僅「印一百餘部」。因活字版印後卽拆版，倘再有需要，卽需重排。不如雕版，雖初期成本較高，然版片可以貯存，以供再需要時印刷，無須一次印就積壓成書。就長遠而言，成本反較活字版爲低。五代時、孟蜀的宰相毋昭裔曾自雕刻了文選、初學記、白氏六帖諸書版。初雕印時，他的親友多嗤笑他浪費。入宋以後，他的子孫靠着這些書版刷印出售維持生活，家業尙稱富饒，當年嗤笑他的人反向其家借貸。中國雕版多用棗梨木材，質地堅實，歷久不壞，一版雕成，往往可印數十百年。卽此一例，可以想見雕板印刷得以在中國歷八九百年而不爲活字版所取代的原因所在。

**雕印圖書的演進**　自五代國子監雕印九經三傳後，促進了圖書出版事業的發達，也推動了學術文化的勃興。兩宋國子監繼承了五代的事業，大量的修纂刋雕經籍，各地方官府，上自司庫州軍，下至縣學書院，皆以傳刻古藉爲務。私家刻書亦盛，四川眉山、浙江杭州、福建建陽三地的書坊林立，成爲宋代出版業的中心，遠在高麗且曾派人委託福建書坊雕刻書版，以海舶載回本國印刷的。宋代刻書除了用棗梨版以外，次焉者則用榕樹木。印書上者用桑楮樹皮造的紙，厚實耐久。次者用麻紙，雖稍薄，也具有韌性。最下者用竹紙，久後較易脆裂。書刻的字體，因多請書家手寫上版，故書法精美。杭州刻書多歐陽詢體字；四川福建刻書多在顏柳體之間，南宋以後，間雜有宋徽宗的瘦金體。在版式方面，版心多爲白口，其上方的右側或左側，往往刻有刻工私記本版的大小字數，下方則有刻工的簽名。版心中間部分或僅上部有一魚尾，或上下各有一魚尾，其間則刻書名、卷數、及葉數。南宋以後，開始有在版心上下的正中留一細黑線，即所謂的「小黑口」，原來的作用殆同魚尾，以便折紙之用。後來又偶有「大黑口」出現，即版心的上下方全部爲墨印。然大小黑口多私家坊刻採用，官刻書多用白口。此版式爲元代所沿襲，明初則多用大黑口，嘉靖以後又回復到採用白口，不過不記字數及刻工，而將書名刻在版心的上方，中間部分僅刻卷葉數，與宋版略有不同，清代的版式，則又沿自明代者。

宋朝的北方，遼金兩國，雖然也雕印書籍，但遠不如宋朝的興盛及精美。遼國對於書禁甚嚴，有將書傳入中國的，罪至死刑，故對於遼國圖書出版情形，所知甚少。金國的出版業以平陽爲中心，只是他們多以擄掠自宋朝國子監的書版重印，官私自刻的不多。蒙古統一南北，仍能繼承宋金的出版事業，只是四川在蒙古軍攻宋時，經過戰火的洗禮，將出版業的基礎摧毀殆盡。故入元以後，四川出版的書甚罕，而以建陽、杭州兩地爲盛，山西平陽次之。這時在印刷技術方面又有新的發展，那就是用兩種顏色印書方法的發明。

**套印圖書的萌芽與發展**　宋代的出版雖盛，但出版的圖書大都用單色印刷，以墨印爲主，也許可能有用朱色或藍色印刷的。用兩種顏色配合刷印一部圖書，始於什麼時候？創始於何人？尚無可考。現在存世的用兩種顏色合印最早的書，是元至正初年（一三四一）中興路（今湖北江陵）資福寺所印的金剛般若波羅密經注。爲經摺裝，經文大字，印以丹朱，元釋思聰的注釋作雙行小字，印以墨色。燦爛醒目，益增加了書的美觀。這部書，從它印刷的情形來察考，是用一塊版分兩次印成的。印朱色時將注文蓋貼，印墨時則將經文蓋貼，這就是明代所謂的「雙印」，尚不是後代的「套版印刷」。從這部書印刷整齊精美的情形來看，絕不是萌芽期試驗的印品，必經過若干的實驗後，始能達到此水準。用幾種顏色印書，主要是取其醒目，美觀尚在其次。譬如有注釋的書、有評點的書，假如把正文及注釋或評點分別用不同的顏色印成，即可使讀者一目瞭然。明末套印書的盛行，即在評點詩文的書暢銷的時候。在北宋時，已有朱墨實錄流傳民間的記載，不過那是寫本書。元初程端禮著的讀書分年日程曾談到朱墨點抹法。宋元之際，曾風行一陣子劉辰翁評史及評點詩文的著作，其盛況恐不下於明末的公安竟陵派所評點的書。元至元寶鈔即用墨加鈐朱印而成，以其法雙印圖書，是相當自然的事。中國用朱墨二色印書，很可能在十三世紀末期元代初年已有了。古代用的朱爲丹朱，較爲貴重。用兩色印刷，也比較費工。所以明萬曆初年的一位學者胡應麟曾說：「雙印與朱，必貴重用之」。這大概是古代朱墨印本流傳稀少的主要原因。

用朱墨兩色印書到了明代萬曆末年（十七世紀初）才大爲盛行，有吳興人閔齊伋專門研究用幾種不同顏色印書的方法。他初期的印本，可能仍是仿元代的舊法，雕一塊版，而分別顏色印兩次。但雙印法有一個缺點，即不能印比較複雜的書。如評點在字裏行間與正文參差不齊，用貼蓋法則相當的費事且效果難佳，至於有幾家的評點更無法印刷了。於是閔氏設計發明了套版印書法，如印二色的，分別將印朱色及印墨色的文字部分各雕刻一塊版，文字嵌合起來就是一版，故名「套版」。用這樣的分版印書法，比較複雜的書皆可以印成，比元代的雙印又進了一步。更推衍無論印三色、四色、五色，只要分雕三塊，四塊、五塊版就可以了。閔氏的另一項貢獻，是他覓到了代用的朱色印料。丹朱顏色鮮艷，能歷久不變，固然甚佳，但其價過昂，無法大量用於印書。閔氏印書的朱色，就今傳本來看，因歷時久，色已發暗，顯非丹朱。此朱色顏料究以何物調製而成，文獻乏載，尚不能詳。閔氏套印的書，據近人統計，存世的已不下一百三十二種，且尚有疎漏。他所印的，自二色至五色，朱黛繽紛，光采炫爛，甚爲人所喜愛，故當時人多以套版印刷術發明的榮譽歸之於他，而鮮有知道他從元代的雙印改進而來的。與他同時也擅套印法的，尚有淩濛初，也是吳興人。

因為有了套版印書的技術基礎，於是更進一步，到崇禎初年把繪畫藝術融於套印術中而有彩色印的圖繪書出版。祖籍海陽的胡正言在南京開設了一家書坊名十竹齋，於崇禎初年先後出版了用彩色套印的十竹齋箋譜及畫譜兩部圖繪的書，把中國的彩筆水墨寫生用雕版印刷表現出來。胡氏早年學過造紙、製墨、雕鐫印章、繪畫，是位藝術的通才。箋譜及畫譜兩部書，從繪畫、雕版，直到印刷，都是胡氏一手製作的。尤以畫譜是他後期成熟的作品，凡墨色的濃淡，顏色的淺深，具表露無遺，直使人把它視作寫生册，而無印刷的感覺，眞可以稱得上曠絕古今。至於這兩部版畫書是如何印成的，據近代人研究後推測，是用的一種「餖版」套印法。所謂「餖版」，即把畫中不同的顏色，分別其部位，各雕為一塊版，亦即將閔氏的套版法擴大，雕成更多的版。用一張紙經過不同的版，不同的顏色印刷，而成為一個完整的彩色畫面。至於這樣推測是不是可信，尚有待進一步的研究。

**附圖圖書的盛行** 書中附刻的插圖，前代或名圖繪，或稱繡像、出相，近代名為版畫的，不但能增加書的藝術氣氛，加深讀者的印象，而且能輔助文字的不足，把難以言傳的意念，藉繪畫的技巧而表達出來。任何民族的文化發展史，都是先有圖畫，後有文字。即是印刷術的發明，也是先印圖像，而後才及於文字，中西皆是一樣。現在存世的唐五代印本，也大都是以圖像為主。入宋以後，雖雕版印書的事甚為普遍，而附刻圖繪的比較少，就是少數附有圖像的，繪雕的近乎古拙。蓋大抵出於工匠的臨摹，而不是專擅的名手。這種情形一直到明隆慶萬曆以後始大改其觀。宋代的出版業，以浙、蜀、閩三地為中心。四川經過宋末的兵燹而趨於衰微，元末出版最盛的福建痲沙書坊又燬於戰亂，明弘治十二年福建另一出版中心建陽書肆復遭大火燒毁，故閩刻亦衰。明中葉以後，蘇州代之而起，書業多集聚於此。萬曆以後，吳興、南京的書坊又蠭起，與蘇、杭並盛。太湖流域素爲江南富庶之區，而三吳鍾山水之秀，景色宜人，自明初杜瓊、沈周以後，名畫家輩出，影響所及，雖販夫走卒，也知道愛好藝術。故書坊得投其所好，爲了爭奇鬪勝，多以重金延聘雕繪的名手，精印插圖作爲號召。萬曆崇禎間發行最廣的書如章回小說、人物傳記、譜錄、詩集、劇曲、以至於地理書，其中莫不附刻插圖。當時若干較著名的畫家如丁雲鵬、黃鳳池等多曾爲之手繪上版。因係出於名手，遂捨臨摹而自行造意。插圖的類別很多，有山水人物，有翎毛走獸花卉樹木山石，也有仿古的筆意，範圍之廣，無所不包。其造意的高雅，人物的生動，線條的勻稱，雕鏤的精巧，促使版畫成爲一種獨特的藝術。當時的圖版，係用木理最細緻的黃楊木雕鐫，故雖細如毫髮，無不畢呈。清代初年尚能承襲其盛，雍乾以後，因樸學興起，出版者以翻雕宋元本爲主，遂使此項藝術，衰微不振。

**書裝的再改進**　興於唐末五代而盛行於宋元的胡蝶裝，因其裝置係靠版心部份粘連書背，固然其四周爲空白，置架時橫放而豎立，不致磨損文字部份。但時間長久，書葉終容易脫落。明代初年，又從而改進作包背裝。包背裝法是將書葉正摺，文字在外，在書腦的部份，用紙捻或線釘牢，其外用封皮以漿糊粘連包裹脊背，其外形則與胡蝶裝同。此種裝訂法因書名及卷葉數在書口，甚便於查檢，故邊欄左上角不再如宋元時附刻書耳。包背裝大抵始於明永樂初年，存世的永樂大典卽作包背裝。到了明代中葉，線裝興起，其與包背裝不同處，是封面封底分開，不包裹脊背，並用線釘在封皮之外，如此則封皮不致脫落。線裝式，迄於今而未替，是中國流行最久的一種裝訂法。

**清代的出版概況**　清代的學風，因懲於明末的空疎，而欲規復漢學，故校勘、訓詁之學大盛，輯佚的風氣興起。影響於出版的，是明末以至清初盛極一時，聚集於蘇杭南京各地的書坊，康熙以後趨於凋零，代之而起的是私家刻書轉盛。所刻的書重實學、重版本。私家刻書，或愼摹宋元舊本，或廣羅罕傳的秘笈

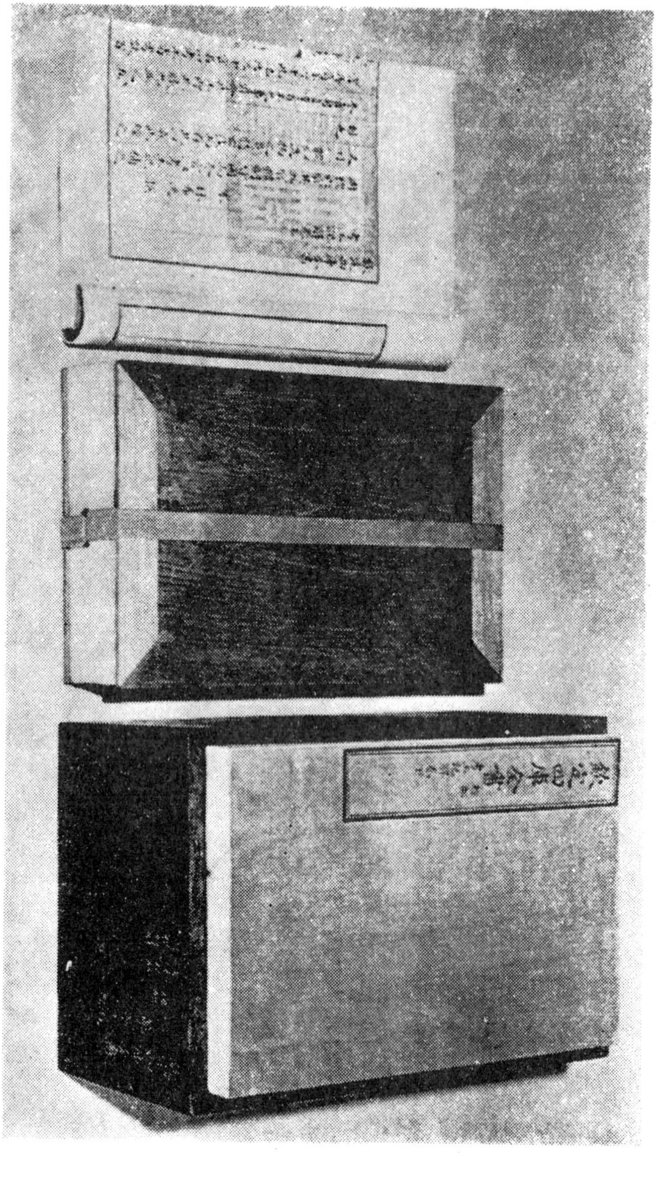

包背裝（清文淵閣四庫全書）

，往往彙編叢書，精校愼刻。明末風行的演義、傳奇雜劇、以及公安竟陵學派評點詩文一類的書，很少有人刊雕了。因爲樸學風氣的瀰漫，影響及於印刷技術也停滯不前。在雕板印刷方面，雖然也有若干繪雕頗精的插圖，也有用套版法並選用上好的開化紙幾色套印的書。在活字版方面，雖然也有堪稱爲煌煌鉅製的，如銅活字版古今圖書集成、木活字聚珍版叢書。但出版圖繪書、套版書、活字版，終沒有像明代一樣的盛況出現。至於彩色套印的版畫書，清代固然也出版有芥子園畫譜，但精絕則遠遜於十竹齋了。故清代僅承襲了前代的技藝，而沒有什麼新的貢獻。等到迅速且成本低的西洋印刷術傳到中國後，而使中國的印刷術遭受淘汰。

**歷代的寫本圖書**　自印刷術發明並推廣以後，雖說取代了用手抄寫，但寫本圖書在中國仍不斷的產生，而在前代的藏書家收藏中仍佔着重要的份量。如明代初年雖緊接着宋元雕印之盛，其文淵閣的藏書，據明史藝文志稱，鈔本佔十分之七，刻本佔十分之三，鈔本爲刻本一倍有餘。何以會有這樣的情形？因爲一般出版的多是需要者較多的書，一些不爲當代所重視或較專門的著作，仍賴輾轉傳抄而使它流傳下來。中國的寫本書大別可分爲三類：一類爲稿本，包括著者或編者的手稿或清稿本。這些著作無論曾否刊版印行，前賢的手澤仍爲後人所珍視保存下來。還有若干書，在編纂後，因卷帙過鉅，未能刊行，只有寫本流傳。最著名的如明成祖勅修的永樂大典，明代曾寫正副兩本，每部一萬一千零九十五册；及清乾隆時編的四庫全書，收了三千四百多種書，當時一共抄寫了七部，分貯京畿、瀋陽、及江南各地，每部抄成三萬六千餘册。第二類是稀見的古籍。這些古籍前代或曾出版過，而後代未再翻刻，讀書的人爲了研究的需要，既無法覓致舊本，只有借本來傳抄了。尙有中國的藏書家爲了保存文獻而不墜，凡罕見的孤本秘笈，無不設法羅致或錄副以存。這就是清代洪亮吉所論藏書家中的收藏家，「專搜采異本，上則補石室金匱之遺亡，下可備通人博士之瀏覽。」如南宋中期的禮部尙書尤袤是一個喜歡讀書的藏書家，以抄寫古籍定爲日課，他家中的子弟及女兒也都喜歡抄書。明末的藏書家祁承㸁，他曾與朋友組織了一個「搜書會」，每月集會一次，各把所獲得的秘笈公開互相傳抄。假若至期不能獲得秘本或隱匿不公開的，訂有嚴厲的罰則。故明淸兩代的藏書家，大都專印有抄書紙以備傳抄之用，前代的寫本書以這一類爲最多。雖然某些書後代或已刋印了，但這些舊抄本仍有校勘的價値。第三類是影寫本。藏書家遇有宋元刻本而不能購得時，往往請名家照原本摹寫以藏，前代影寫本最著名的有所謂「毛鈔」，卽明末淸初常熟毛晉汲古閣家的寫本，繕寫精美，其價値僅下原本一等。其次如蘇州黃丕烈士禮居、常熟張蓉鏡小嫏嬛福地的影寫宋元刻本也都爲後來的藏書家所寶重。是以寫本圖書在中國圖書史上，不僅不因印刷的發明和普及而減少它的價値，反而佔有更重要的地位。

## 四、西洋印刷術影響時代

中國的造紙術及印刷術在發明以後，相繼地東向直接傳到高麗、日本，西向經過漫長的歷程輾轉的傳到歐洲。而在本土也不斷的演進發展，甚至於與藝術融合爲一體，有過輝煌燦爛的時期。但在方法上始終脫不了古人的窠臼，脫不了手工藝的型式，致不能適應近代教育發達、知識普及的潮流。而西洋的造紙術，印刷術在工業革命以後，走向機械化，利用機械的動力，而能迅速產製價廉的圖書紙張。復因物理化學的不斷進步，使得印刷的方法日新月異。這些新的技術，從淸末以來陸續的傳來中國，逐漸替代了中國固有的雕版及活字術。而圖書的裝訂也慢慢地廢棄原來的線裝而改爲西式的平裝及精裝。

西洋印刷術最先傳到中國的是鉛字排印法。嘉慶十二年（一八〇七）有英國倫敦佈道會的馬禮遜（

Robert Marrison）來廣州傳敎，秘密的雕刻中文字模，欲鑄鉛活字以印中文譯本聖經及華英字典等書。但事爲地方官府獲悉，刻字模工人恐禍及身，而將已刻成的字模付之一炬，雖然未能完成，但這是中文用西法字模之始。後來馬氏在馬六甲設立印刷所繼續雕鑄鉛字，於一八一九年（嘉慶二十四年）印成第一部新舊約中文本聖經，是爲西洋鉛活字排印中國文字的首創。道光三十年（一八五〇）有廣東人某君仿西法鑄了一批大小二種的金屬活字共十五萬餘枚，但專印文件，而非用以印書。中國人澆鑄鉛字排印書籍，始於同治年間上海申報館等所附設的書局。淸內府採用這種新式的鉛鑄活字排印書則始於光緒二十二年，由總理各國通商事務衙門奉勅印行當時編纂完成的七省方略。此後用鉛字印書隨着西洋新的技術不斷的傳來，及中國在排字技術方面不斷的改進，而逐漸推廣，成爲印書的主要方法。

其次傳來中國的是石印法，用特製的墨將文字寫在特製的紙上，再翻印到石版上以供印刷。此法是奧國人施納飛爾特（Alois Senefelder）在一七九六年所發明。中國最先採用此法印書的，是上海徐家滙土山灣印刷所，所印的率爲天主敎宣傳品。稍後、有上海點石齋石印書局，開始石印中國書聖諭詳解、康熙字典等。淸內府石印書籍，則始於光緒十六年（一八九〇），由總理各國通商事務衙門大臣、戶部侍郎張蔭桓，奏准石印古今圖書集成一百部。其書原本一萬卷、目錄四十卷，石印本並增入考證二十卷。此書係由上海同文書局承印，費時四年。此後上海開設書局專用石印法印書的風起雲湧，曾盛極一時。自入民國後，西洋各種新的印書術如珂羅版、影寫版、照相銅鋅版及各種平凹版等相繼傳來中國後，石印法遂廢。

自西洋的鉛活字版、石印法傳來中國後，雖曾予中國舊式雕版印刷以莫大的威脅，但尙未能全部取代。揆其原因，殆其時西法印本究不如雕版印刷之精美，而中國寫雕的技工尙多有；且西洋欲印製迅速，須有動力，而中國在民初以前電力尙未普遍。故好古之士或偏僻地區仍不乏用雕版印書者，大抵在四十年代以後始全廢。至於裝訂，西式的平裝及精裝，亦利用機器以代手工，生產迅速，逐漸取代線裝。現代僅有影印古籍珍本，爲了典雅，尚偶有採用舊式線裝者。

中國圖書的歷史，至少已有三千三百五十年了。曾最先發明紙來寫書，用雕版印刷迄今已近一千三百年，用活字排印書也有九百多年，曾有一頁光輝的過去，影響並遍及於全世界，但很可惜的是後人在印刷裝訂方面只能作技術上的改良，而在方法上始終未能跳出前人的圈子，致無以適應現代社會的需要，終遭到西洋圖書印刷及裝訂的取代。但中國文字也是一種藝術，現代圖書的字模是沿襲明清以來流行的匠體字，呆滯不靈，固遠不逮宋元時代圖書的優美，且不及明清時朝鮮的活字版書。如何將中國固有藝術融合新式印刷中，而產製更精美的圖書，使讀者不僅能於中吸收智識，且能賞心悅目，則是現代的印刷出版尚有待努力的。

# 附錄

# 我國歷代版刻的演變

昌彼得

印刷術是傳播文化最重要的工具，這一項偉大技術的發明，是我們祖先對世界文化所提供的四大貢獻之一。我國雕板印刷術發明至今已有一千二百年；活字印刷，也有九百年的歷史。這種方法在我國盛時，逐漸東傳高麗、日本、西被中亞，又輾轉影響及於歐洲。在十五世紀中葉。西洋印刷術的始祖德國約翰、谷騰堡剛開始試驗製造活字版時，我國印刷術已有了輝煌的成就。

## 一、從印章和石刻說起

在談到印刷術的發明，我們先要明瞭它的淵源，以及它發明的背景。我們祖先是喜歡使用印章的，官私的文書必定要加蓋璽印以資憑信，這種習慣一直沿襲到現在。上古且不談，有實物可據的，印章在西元前一千多年的殷商時代就已經使用了。在漢代以前，我國文書，多爲簡牘，所以璽印多施用於封泥上，爲了清晰醒目的緣故，璽印多刻爲陰文，鈐到封泥上就變成凸字。晉代以後，印章漸漸改用朱鈐到絹或紙上，所以字往往刻爲陽文，印成朱色，故又稱作朱文。這時的印章字數多的，有多到上刻一百二十個字，如葛洪「抱朴子」中所述的神越章即是。大的有大到長一尺二寸，寬二寸五分，如「通典」中所載北齊的「督攝萬機」木印，是用來印籍縫的。假如用一尺多長，上刻一百多字的印章鈐蓋到紙上的這不是與雕版非常相似麼？所不同的，只在技術上，一種是鈐蓋，一種是刷印而已。

我國古代常常有將文字鐫刻在石碑或摩崖上，來紀功頌德。像石鼓文，詛楚文，秦始皇的瑯琊、嶧山、會稽、芝罘等石刻。又有將儒家的經典刻在石上，以作爲定本，供士人抄寫或校勘用的，像東漢的熹平石經、魏正始間的三體石經、唐開成石經等等。約在西元第六世紀初年南朝蕭梁時代，就已經知道了用紙墨來拓碑的方法。用紙在石碑上摹拓，與雕版印刷，在形式上雖然略有不同，但在技術上卻是非常近似的。秦始皇的嶧山石刻自從在五世紀中葉被北魏太武帝排倒，而被山下居民用野火焚毀以後，民間有另外摹刻於石或摹雕於木來傳拓的。杜工部的李潮八分小篆歌有「嶧山之碑野火焚，棗木傳刻肥失眞」句，用棗木代石碑來傳刻摹拓，這與雕版印刷更接近了一步。印章與拓碑這兩種方法，無疑的是孕育我國雕版印刷發明的前驅。

## 二、印刷術發明的背景

其次來談談印刷發明的背景。我國自六朝以來，著作漸多。漢書「藝文志」著錄的

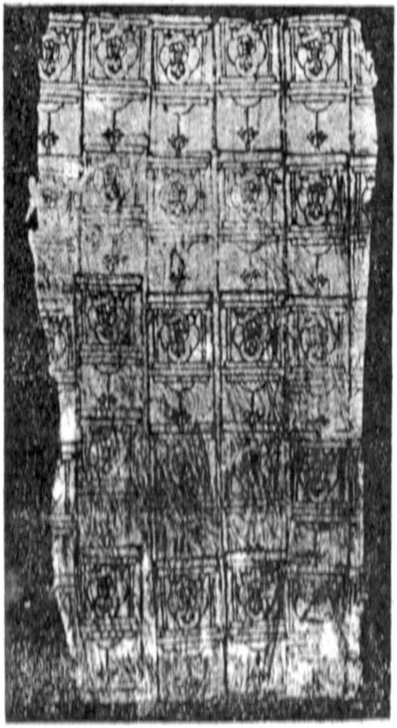

這幅佛像印本，爲我國雕版印刷術的前驅，是用佛印鈐蓋紙上而成的，在研究我國印刷發展上彌足珍貴，原印本出自敦煌石室，現藏臺北市國立中央圖書館。

書，不過一萬多卷。晉荀勗著「中經新簿」，著錄的也還不到三萬卷。到了隋書「經籍志」一共著錄了八萬多卷。而據新唐書「藝文志」載自唐初至開元這一百二十年間的著作，就多達二萬八千多卷。可見教育文化愈來愈普及。在當時固然也有藏書家，像宋周密「齊東野語」所記載的，晉張華藏書三十車，梁元帝聚書八萬卷，唐吳競藏書一萬三千四百卷等，但這僅是帝王或顯宦才有這樣大的財力。在一般好學的人，如想多讀書，僅靠傳抄，或購賣昂貴的寫本，是非常感到不便的。在這種情形下，印刷術的發明，自然有其必要。

至於直接促成印刷術的萌芽，根據現有的資料來看，應當以佛教的影響爲最大，其次要推曆本。佛教自東漢明帝時傳入我國，歷南北朝而大盛。佛教有功德的說法，當時的信徒紛紛建立塔寺，雕造佛像，及繕寫經咒施人，以報功德。建塔寺、雕佛像固然需要很多錢，就是寫經咒，假如不能自寫而需請人來寫的話，根據記載，寫一張紙的報酬，多的要費二百五十錢，少的也要數十錢。這種功德當然只有有錢的人，才能做得起。一般平民爲了崇功報德，不得不另謀其他簡易省錢的方法。像敦煌所發現的許多佛像及經咒雕印品，日本所存最古刻本，神護景雲四年（西元七七〇年）印成的「百萬塔陀羅尼咒」，

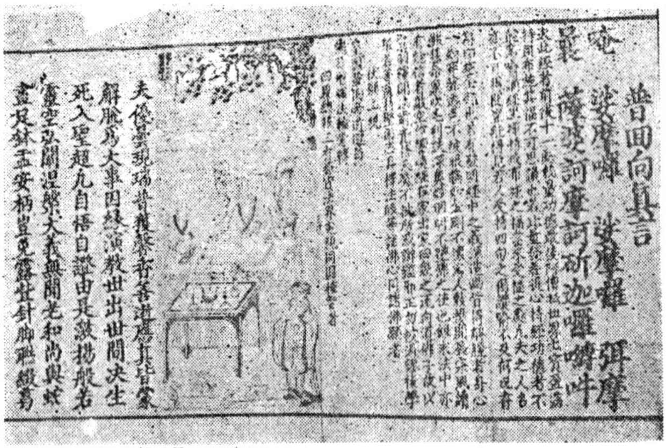

這是六百多年前刻印的套色印刷品，是元朝至正初年（約爲公元一三四一年）資福寺刻印的「金剛般若波羅密經」，經文朱印，注文墨印，燦爛奪目，並有精緻的插圖現藏國立中央圖書館。

及民國初年在湖州天寧寺及杭州雷峯塔所出的五代吳越國王錢弘俶印「陀羅尼咒」，就是在這種情形下產生的。

曆書是農民不可缺少的，何時耕耘，何時播種，農民都依據曆書爲準。在全唐文卷六二四有一篇馮宿「禁板印時憲書疏」，他說：「劍南兩川及淮南道，皆以板印曆日鬻於市。每歲司天台未奏頒下新曆，其印曆已滿天下」。可見農民對於廉價曆書需要的殷切。所以早期的印刷品，這類東西也不少。

## 三、印刷術起原隋代說

我國印刷術究竟起源於什麼時候？史册上沒有明白的記載。因之自來的學者有各種的推考，早的有謂始於東漢的，其次有始於北齊說，及始於隋代說。這三種說法的起源，實在是前人對於古籍文義的誤解，都不可靠。東漢說與北齊說與實際情形相去太遠，不加引辯。現在只對始於隋代的說法略加辯解。

雕板始於隋代說是首倡於明嘉靖年間的陸深，所著的「河汾燕間錄」卷上說：「隋文帝開皇十三年（西元五九三）十二月八日，勅廢像遺經，悉令雕撰，此印書之始，又在馮瀛王之先」。日本島田翰「雕版源流考」引這段記載，改「悉令雕撰」爲「悉令雕版」。並說此語出隋費長房「歷代三寶記」，今本作雕撰，而陸深爲明人，猶及見舊本，而記云雕板，必宋藏中有作雕板的，以強調宋代已知印刷。又近人孫毓修著「中國雕版原流考」引「敦煌石室書錄」：「大隋求陀羅尼經上面，左有施主李和順一行，右有王文沼雕版一行，宋太平興國五年翻雕隋本」，遂謂雕版肇自隋時。這兩家的論據雖然不同，但都說是始於隋代。

關於前一說，根據費長房所述的文意，雕指廢像，撰件遺經，絕無印刷的意思，清初的王漁洋在他所著的「居易錄」中，已予以辨正。今傳的宋磧砂藏經本「歷代三寶記」，及嘉靖二十四年原刻儼山外集本「河汾燕間錄」都是作「悉令雕撰」。我們不曉得島田翰根據的是什麼本子錯作「雕版」，而生此誤解。大隋求，是梵文—Muhapratisara的譯語，即陀羅尼的名稱。譬如唐釋不空金剛所翻譯的也稱作「大隋求陀羅尼經」，而孫毓修氏誤當作隋唐的隋，而推衍爲太平興國翻雕隋本，也是一個錯誤。根據種種跡象來推測，我國早期的印刷品並不是不可能在隋代就已萌芽了，只是還沒有確證而已。

## 四、唐初玄奘印普賢像

在現存的典籍中，記載我國有印刷品出現最早的時代，是在唐代的初年。唐馮贄「雲仙雜記」卷五引「僧園逸錄」說：「玄奘以回鋒紙，印普賢像，施於四衆，每歲五馱無餘」。玄奘生於隋開皇二十年（西元六〇〇年），死於唐高宗麟德元年（六六四年）。如果此說可靠，我國印刷術的起始，至遲已在七世紀的中葉。只是此書的作者，舊題唐馮贄撰，而四庫提要據張邦基「墨莊漫錄」考訂是北宋時王銍所僞撰。此書中所記載的，大都怪誕不經。所引的書，也多未見於著錄。所以對這條資料，前人常不敢採信。

玄奘印普賢像施人的事，雖然在唐釋慧立所撰的「大慈恩寺三藏法師傳」及道宣「續高僧傳」中的玄奘傳都沒有記載。但慧立的「三藏法師傳」卷十敍及玄奘自印度求經返回長安後，在顯慶三年高宗派使臣來慰問及賜賚，云：「法師受已，皆爲國造塔及經營像給施貧窮……發願造十俱胝像」。又說他在臨終時命嘉尙法師具錄他所翻的經論，及所「造像十俱　」。可見玄奘確曾有造經像給施貧窮的事。他曾造像十俱胝的事，在道宣的「玄奘傳」及宋高僧傳中的「嘉尙法師傳」，亦有記載。在「三藏法師傳」中提到佛像有三種情形，一種是雕像，稱之爲若干軀；一種是畫像，稱之爲若干幀或幀。此處所說的「造像十俱胝」，是那一類的像，則傳中沒有明言。按俱胝是梵文中的一個數目字的譯音。據一切經音義的解釋，其數爲一億，即一千萬，也有解釋作十萬、或百萬的。不論俱胝作十萬、百萬、或千萬來解釋，十俱胝總是一個相當大的數目。當然不可能是雕像，也不會是繪像，因爲據傳中所述的雕像最多不過二百餘軀，繪像最多的也只有一千幀。只有一種情形，用印刷的方法，才可能有這麼許多。由此來推證，「雲仙雜記」引「僧園逸錄」玄奘印普賢像施人的記載，應該是可信的。我們不能因爲這部書的作者出於後人僞託，而連它引錄的記載也不相信。

玄奘所印的普賢像是怎樣的呢？據我的看法，很可能是雕刻像印章似的，在紙上鈐蓋而成的。在敦煌石室中所發現這類的佛像很多，有整卷紙上鈐蓋着成百小佛像。國立中央圖書館此次展出的有一卷唐人寫「佛說佛名經」中，即鈐有這一類的小佛像，然後再用手來着彩色。用佛像印鈐蓋到紙上，印成佛像，在方法上雖然還不脫印章使用的範疇。但是在人類的思維上，却有了不同的意義。由僅僅是信符的作用，演進到可使圖像印製迅速的概念，不能不說是思想上的一個進步。雖然距離文字的印刷，可能還有一歷程，但有這種思想作動力，相信不會太遠了。所以可以說，至遲在西元第七世紀中葉，初唐時代，我國雕版印刷術就已經開始萌芽了。

## 中唐印書已極普遍

根據舊籍的記載，在西元第九世紀，唐代的中晚年，雕版印書的事，已經相當的普遍了。自刻書的地域來說，至少有四川、河南、淮南、浙江、江西、敦煌等地。自刻書的範圍來說，除了佛教的經咒而外，有詩籍、曆書、字書、小學，及陰陽五行等書。不僅是短篇的民間通俗印刷品，大部頭的，士人必讀的小學書，如五卷「廣韻」、三十卷的「玉篇」，也雕印過。當時的印刷技術如何？到了敦煌石室發現後，才使我們得到一個輪廓。斯坦因在敦煌得到了一卷唐懿宗咸通九年（八六八年）王玠刻印的「金剛般若波羅密經」，現藏於英國不列顛博物館，近年台灣曾做原卷影印流傳。從這部金剛經印刷的清晰，字體的遒勁，卷端圖樣雕刻的生動，可見第九世紀中葉，我國雕印的技術已經相當的進步，決不是短時間就可以達到這種水準的。

## 准道、毋昭裔的貢獻

據前人的記載，唐代利用這種新發明印刷術尚只限於私人。政府的雕印書籍，要到五代時才開始。五代長樂老馮道的雕印儒家經傳，在我國圖書史上，是值得大書特書的事。後唐明宗天成四年（九二九年）滅蜀，受到四川人印書的影響，在長興三年（九三二年）宰相馮道奏准委國子監雕印群經，至後周太祖廣順三年（九五三年）畢工，前後更換了四個朝代，而這項工作在馮道的支持下，未曾中綴，共費時二十二年。所雕印的計有易、書、詩、三禮、春秋三傳，及孝經，論語、爾雅等九經三傳，附五經文字、九經字樣兩種，這是儒家經典有印本之始。後來在顯德六年（九五九年）又刻了一部「經典釋文」。

在同時而稍後，四川有毋昭裔的刻書。毋氏的刻書，最爲前人所津津樂道。因爲他在貧賤時，曾向何人借「文選」、「初學記」，人有難色，於是他發憤，若日後發達了，願刻印這兩部書，以普惠天下讀書人，後來他當了後蜀孟昶的宰相，果然如願以償，除了這兩部書外，又雕印了「白氏六帖」及九經。初他刻書時，人都嗤笑他。到蜀亡於宋後，人家都破產，他却家累千金，子孫都靠這些書版生活。五代的監本及毋氏的刻書，一部都沒有傳下來，我們現在所能見到的五代雕印本，除了湖州天寧寺所出的周顯德三年（九五六年）吳越王錢弘俶印「陀羅尼經」外，其餘的像法國巴黎圖書館所藏的唐韻、切韻，以及分藏於世界的各地的佛教經咒，都是敦煌所出的。

## 「梵夾本」與「蝴蝶裝」

唐代圖書的裝置，通行的有兩種型式。一種是卷軸式，這是自戰國以來紙未發明前用帛寫書的舊式。一種是葉子裝，這是受印度貝葉經的影響而採用的，至遲在初唐即已流行，所不同的只是改橫寫爲直書。唐代的刻本，也沿用這兩種型式，如咸通本「金剛經」即作卷軸形，這部經是八塊版印成，粘爲一卷的。每塊版刻四十多行，在版中空隙處刻註版數。敦煌所出的「韻書」，則大都作葉子式。但是卷軸舒卷困難，查閱甚不方便。葉子查閱固然簡便，然而容易散失錯亂。在唐代末年大概是受了印刷普及的影響，促成了我國書裝的改進。一種由卷子改進爲摺疊，即是書仍粘成長幅，只是不捲，而每隔若干行摺疊起來，就是宋以來的所謂梵夾本或經摺裝。這種裝置法，其實是印度貝葉經的遺制，所以後代僅限釋家經典採用。

由葉子則改進爲宋代的蝴蝶裝，這種演變的過程從伯希和在敦煌所獲得的五代印本切韻中可以清楚看出來。這部切韻殘紙有十六葉，每葉三十四行，形式就像宋代的蝴蝶裝的單葉，所不同的只是每葉中間未留版心，以三十四行爲一版，每版版數刻在每葉正文之後。所以宋人常說：「葉子、其制似今策（即册子」。後來的蝴蝶裝則將每版的中間留一空行，以刻書名、及卷頁數。字向裏對摺，集若干葉再粘連裱背成爲一册。這種裝置法大概在五代就已演變完成了，五代刻的監本，據記載，就是作册裝的。到明永樂中始改蝴蝶裝爲包背裝，字向外摺，書皮包連書背，與蝴蝶裝同。嘉靖以後，則通行我們所熟悉的線裝。

## 宋代大量刻印經史

我國的印刷術經過了至少三百年的演進，又在政府的倡導之下，到了宋代更普遍起來，由少數的地域逐漸擴展到全國，刻書的內容則經史子集等四部無所不包。宋代的國子監繼承了五代國子監的事業，大量雕印書籍。長興監本九經三傳書版，宋初尚存，只是有注無疏。於是在太宗端拱元年（九八八年）國子監奉敕校刋九經三傳的正義，到咸平四年（一〇〇一年）完成，這是群經義疏有刻本之始。此原刻已不傳，但今尚有南宋覆本傳世，皆半葉十五行，即世所艷稱的單疏本。到了南宋紹興末年，福建三山人黃唐官兩浙東路茶鹽司時，取諸經的注與疏合在一起刋雕，是爲注疏合刻之始。此諸本皆半葉八行。故稱爲八行本，或叫做黃唐本，現在還有流傳的。

除了經籍而外，在太宗淳化五年國子監又校刻史記、兩漢書、及三國、晉書等，這是我國正史有刻本之始。此諸史皆半葉十行，行十九字，今僅有史記及兩漢書還存有殘帙。中央圖書館所藏的「後漢書」殘本，卽是此刻。北宋本史記僅刻裴駰集解，而無正義及索隱，中央研究院藏有殘卷，中央圖書館則藏有南宋初覆刻本。近年通行的所謂仁壽本史記，卽取中研院的原本及中央圖書館的覆本配成影印的。而史記的三家注，則始刻於南宋時建安黃善夫，涵芬樓百衲本史記則用黃本影印。

靖康元年金人下汴梁，把國子監所貯的書版俱擄掠而去，高宗奠都杭州後，故又曾將諸經史重翻雕過一次。除國子監而外，各地方政府刻書的風氣也很盛，自司庫州軍，以至縣學書院，皆以傳刻古籍文獻爲務，開明人書帕本的先聲。而私家並有以刻書爲世業的，像臨安尹氏、建安余氏，皆子孫相繼達數百年。又臨安的陳起，陳芸，也是父子相承，所刻唐宋人詩集甚多，卽世所艷稱的書棚本，因爲他的書坊在棚北大街故名。中央圖書館所藏的一部最著名的孤本「江湖群賢小集」，就是陳氏父子所刻的。陳氏刻書對於後代的影響頗大，留待後面再談。在宋朝的北方，遼金兩國，雖然也有雕印，但遠不如宋朝的興盛與精美。遼國對於書禁甚嚴，有將書傳入中國的，罪至死刑，故對他們印刷的情形，所知甚少。金國的印書業以平陽爲重心，只是他們多以擄自宋朝的監版重印，官私自刻的不多，故金刻本傳世的比較少，最爲藏書家所珍視。

## 九百年前活字印刷

印刷術到了宋代，不僅是普遍了，而且還有新方法的發明，那就是活字版的創始。在谷騰堡發明西洋活字的前四百年，宋仁宗慶曆年間（一〇四一——一〇四八年），有畢昇首創膠泥活字版。其方法是用粘土刻字，每字爲一印，放在火上燒堅。排字時，用一鐵板，上放松脂臘及紙灰，外圍鐵範，待字排滿後，放火上烘使臘溶，則用平版按其面，使字印平整，而後使墨印刷。常用兩塊鐵板，一板印刷，一板排字。印完後，再用火熔臘，以手一拂，字印都落下來了。這種膠泥活字排板法與近代的鉛印很相似。宋代的活字印書，現在一部都沒有保存下來。近代的目錄書中雖然著錄有幾部所謂的宋活字本，實在是靠不住的。

## 中央圖書館的珍藏

宋代雕印書雖然很盛，可是經過了八九百年的天災人禍，傳下來的也就寥寥可數。目前國立中央圖書舘所藏的宋版書一共有二〇六部，中央圖書舘曾於去年展出了四十餘種，又金刻本五種。其中大多數是僅存的宋本或比較罕見的，現在我提幾種比較具有學術上的價值且未經近代影印的書作一簡單的介紹。五代史記，我們現在所能讀到的宋本是南宋慶元五年曾三異校刊本，也就是涵芬樓影印入百衲本二十四史中的本子。中央圖書舘所藏的五代史，除了慶元本外的，還有一部北宋徽宗時雕版的小字十二行本，是楊守敬得之於日本，爲僅存的一部全帙，此外則只有傳沅叔還藏有十二卷殘本，此本在時代上比慶元本要早七十多年，頗有校勘的價值，我姑舉一個例子，如卷四二孟方立傳，敍述晉將安金俊攻邢州孟方立，他的部將石元佐獻策說，邢州城堅不易攻，不如攻磁州，誘使方立來救，可以敗之。宋小字本云：「金俊以爲然，軍滏水之西，方立果率兵來救，爲金俊所敗」。而曾三異本則無「滏水之」三字，這句便成了「軍西」，意義不明。按「地理志」，滏水在磁州城西，東流繞磁州，軍滏水之西即是迫近磁州城，故孟方立帥兵來救。曾三異本無「滏水之」三字，顯然是脫漏了。這部書還未經前人利用校勘過。

又如「柳河東文集，傳世宋本有三，一爲慶元六年魏仲擧編五百家注音辯本，一爲嘉定間鄭定輯注重校添注音辯本，一爲廖瑩中世綵堂本。世綵堂本於舊注的姓氏都加以删削，實非善本。魏仲擧本，四庫曾據宋本著錄，惜內府所藏宋本僅殘存首二十一卷，見「天祿琳琅書目」著錄，今已佚傳。商務印書館嘗據文淵閣四庫全書殘本影印入四庫珍本初集。宋刻今尚存的僅有鐵琴銅劍樓所藏殘本十一卷。魏仲擧本雖較早而不全，昔黃蕘圃嘗稱柳集以鄭定本爲最善。鄭定本僅見於「楹書隅錄」及「適園藏書志」著錄，此兩本今俱歸於中央圖書館。此書四庫未收，後代亦未翻印，海源閣舊藏本宋刋宋印，尤足珍貴。

## 寶蘇齋中的故事

「註東坡先生詩」是嘉泰二年淮東倉司刻本。此本今傳世可考的凡有四部，都是殘本。以常熟翁氏所藏的三十二卷及中央圖書館藏十九卷爲較多，其餘的嘉業堂藏四卷，海源閣僅二卷。中央圖書館藏本曾經明安桂坡、毛子晉、清宋牧仲，翁覃溪等遞藏。覃溪得到這部書後，珍若拱璧，而題其室曰「寶蘇齋」。

每年十二月十九日，招集賓朋，設奠陳列此書，以拜東坡生日。當時的名流桂米谷、李南澗、阮文達等數十人，或題詩，或跋語，或繪圖，書於本書各本的前後護葉，滿目琳琅。光緒末年，此書歸於湘潭袁伯夔，不久袁氏寓所失火，藏書被焚，伯夔幾欲以身殉，幸家人冒火搶救此書而出，僅書口書腦，頗有燒毀，尚無大損，諸家手書提記，今猶存百餘則。姑不論此書中前賢墨蹟的可寶，此書在學術及校勘上也有價值。此書以編年爲次，考註詳審。比起自元以來通行的僞王十朋分類集註本之分裂篇題，強析門類爲善，前人已有定評。康熙中宋牧仲得到此殘本，因囑邵長蘅、李必恒等補註缺卷，雕印以傳，改名施註蘇詩。然而宋氏急於成書，邵長蘅等憚於詳考，往往肆意删改，故多失原眞。翁覃溪嘗據此宋本而作補注，近常熟翁萬戈君在美擬鳩集各殘本配全影印，如能成爲事實，誠書林中的一大快事。

## 藏書家喜愛活字版

自元以來，版印的技術又累代皆有改進。宋代的膠泥活字因難於上墨，容易損壞，其後又經過鉛錫活字試驗，到了元代王禎又創用木活字，今元代的活字印書也無傳。入明以後活字版才普遍起來，今傳的有一種九本活字印漢魏至唐人諸集，是我國現存最早的活字本。據黃蕘圃說，約印於成化弘治間。此諸集就字體觀之，似是銅活字印的。稍後在弘治正德間有無錫華氏一族的會通舘、蘭雪堂、及安氏的桂坡舘，都以用銅活字印書而著名。此外或範銅，或雕木，今傳比較著名的如隆慶間閩人饒氏所印的「太平御覽」，則用銅活字。如蜀藩印本「欒城集」、益藩印本「辯惑編」則用木活字。活字印書，印後版卽撤除，不像雕版可以放置以備隨時再印，故活字本書不如雕版書流傳的多，這是藏書家何以對活字本比較喜愛的緣故。

## 六百年前朱墨套色

前人談到朱墨套色術的發明，每以之歸之於明末吳興人閔齊伋（一五八〇—一六四四年）。實則胡應麟在萬曆十七年所著成的「少室山房筆叢」經籍會通卷四中就曾說：「凡印有朱者、有墨者、有靛者、有雙印者、有單印者，雙印與朱必貴重用之」。這所謂的雙印就是指的兩種顏色套印。萬曆十七年閔氏是年方九歲的幼童，可見在閔氏以前就已有這種方法的存在。

中央圖書館在民國三十六年購到了一部元至正初年（一三四一年頃）資福寺刻朱墨套印的「金剛般若波羅密經」。經文朱印，注文墨印，燦爛奪目。這是一項重要發現，將我國套印法的起始，上推了二百七十年，這時還在西洋印刷術發明前一百年。這部書的發現曾使藝林有小小的騷動，有的板本學家存着懷疑的態度。然而無論從這部金剛經的字體，版式來看，其爲元代刋印無疑。何況我們還找到了套版在閔氏以前就已存在的記載。再者我們還可追溯它的淵源。自宋末劉辰翁以來，流行詩文的評點。在宋元間刻的書，很多旁刻圈點的。元程端禮（一二七一—一三四五年）所著的讀書分年日程曾談到朱墨點抹法。這種方法當然很可能影響到雕印業者的利用。只是朱色比較貴重的東西，印一部套色書的費用，無論在材料上及人工上要抵印墨印的好多部，所以胡應麟說：「雙印與朱必貴重用之」。這是以前套版書流傳少的主要原因。到了明末吳興閔齊伋，凌濛初等人，才光大其術，由兩色套印遞增到四色五色套印，增加了圖書的美觀，讀之使人怡情悅目。

## 明代雕印插圖盛行

自隆慶、萬曆以後，在我國版刻史上有一個突出的現象，就是書中雕印插圖的興盛。板印圖繪，即後代所稱爲版畫藝術的，這項藝術在嘉靖以前本已有之，只是數量較少，而且大多爲宗教性的，畫面古拙肅穆。非宗教的書雖亦有附刻插圖的，但皆出於摹刻，而欠生動。隆萬以後的版畫，則盛極一時，無論是在地理、譜錄、兵法、人物傳記，章回小說、詩集、傳奇雜劇等類書籍，大都附刻插圖。而這些插圖大都由畫家自行造意，所以氣韻生動，神采奕致。雕鏤則趨於工緻，線條細挺，一刀不苟。像此次所展出的萬曆間集雅齋刻「唐詩畫譜」，每詩一畫，造境高雅，格調絕佳，眞是詩中有畫，畫中有詩。又如萬曆四十五年刻的「牡丹亭還魂記」，每齣一圖，線條細如毫髮，而極勻稱，雕刻得絲毫不苟。明末像這類纖麗細緻的作品很多。因爲這一時期的書坊都以插圖爲號召，不惜工本，延聘當時繪圖及鐫刻的名手，所以才能有輝煌的成就。而海陽人胡正言在崇禎間刻了一部「十行齋畫譜」，溶套印術版畫之中，將我國的雕版印刷術發揮到了最高境界。這部特藝彩色畫譜的繪、刻、印，都出於胡氏一人之手，繪畫之神，雕鏤之巧，墨色的濃淡，着色的深淺，無不奇妙。版畫的三絕，在這部畫譜中表現無遺。自胡氏以後，還無一人能繼起這項絕藝。

## 從歐體、趙體到宋體

在明嘉靖年間，我國書刻的字體有一個顯著的改變。原來在弘治以前，刻書時往往請書法名手繕寫上版，所寫的字體大多是當時通行的書體。如宋刻書多歐陽率更體，間亦有用顏，柳體或掺雜宋徽宗的瘦金體。元中葉以後書刻則多倣趙文敏松雪體，一直到明弘治間，都沿此習尙。明正德嘉靖間，覆刻宋本的風氣頗盛，因當時最重詩文，所以覆刻唐人的詩文集最多。前曾談過，唐人的詩集以臨安陳起刻得最多，故明人翻刻也都根據書棚本。嘉靖中彙刻唐人詩集的如朱警「唐百家詩」、黃貫曾「唐詩二十六家」、蔣孝中「唐詩」、張遜業「東壁圖書府唐十二家詩」等，都是根據十行十八字書棚本繙刻的。書棚本刻書是用歐陽率更體，翻刻時亦仿其體，於是成爲風氣。爾後雕工爲了便於施刀，漸變成横輕豎重板滯不靈的匠體字，卽今人所謂的宋體字。這種風氣入清以後，更至其極。現代人所謂的仿宋體，實際並非仿宋，而是仿明代的翻宋。

中央圖書舘去年展覽因場地狹小，所陳列的原刻本不多，僅二十餘種，都是現代流傳比較稀少的。如「汲冢周書」，四部叢刋所影印的是明嘉靖刻本，不如此元本之善。如「呂氏春秋」，各家著錄的所謂元本，實際上大都是明弘治間李瀚本而剷去序跋冒充的，中央圖書舘所藏的方是劉貞刻的原本。如「秋澗先生全集」，涵芬樓影印的是明弘治本，此元嘉興路儒學本則極罕見。如「張文忠公集」，明末刻本多經刪削，四庫則據「永樂大典」所載校補，編爲二十四卷。中央圖書舘所藏元本，凡二十八卷，可資校刋傳本的地方甚多，近代尚未曾影印。明版書陳列的更少，只略舉幾種罕見的及雕繪精美的版畫書，前面已簡略的提到，不再介紹。

## 清代叢書精校愼刻

明朝人刻書校勘不精，而且大多以臆校改，乃至隨意删節。這種現象，自萬曆以後而更盛，所以後人有「明人刻書而書亡」的感嘆。清人入關，初年尚沿習明風，自康熙以後，學風轉變，由空疎而轉入樸實。影響於刻書，使書坊趨於冷落，代之而起的私家刻書興起。私家刻書，都愼選宋元舊刊或舊抄來摹刻，且廣羅秘笈，彙爲叢書。如康熙年間的納蘭成德「通志堂經解」、曹寅「楝亭十二種」，乾嘉以來的鮑廷博「知不足齋叢書」、黃丕烈「士禮居叢書」、盧文弨「抱經堂叢書」、盧見曾「雅雨堂叢書」等等，實在不勝枚舉。道光以後，更蔚成風氣，藏書家幾乎沒有不選其珍藏，精校愼刻，以嘉惠於讀書人的，一直到民國初年而不衰。

自圖書版刻史而言，清代的確是最盛的時代。然而自印刷術史而言，清代只能說是守成時期。雖然清代在銅、木活字印書方面，在套印術方面，在版畫的雕印方面，並不遜於明，或許還有勝過的，但這僅是繼承了前人的技藝，對我國的印刷術却沒有甚麼新的貢獻。所以自清光緒初年西洋石印法傳到我國，當時人就有我國雕術將廢的感嘆。

# 新印刷術壓倒舊法

近四五十年，西洋印刷術日新月異，珂瓏版、各式的照像製版、新式鉛印、新式銅版等技術相繼傳來我國，我國固有的印刷術更日趨式微，已成絕響了。我國雕版印刷術自發明到今已有一千二百年，活字印刷術從發明距今也有九百年，在過去曾有一段光輝的歷史，表現了很高的造詣，它的影響並遍及全世界。但很可惜是後人只能作技術上的改進，而在方法上未能跳出前人的圈子。現在知識普及，印刷品需要增多，而且要符合經濟的原則。速度快，成本輕，是近代西洋印刷術的兩大特色。我國印刷術在藝術上固然有它獨特的價值，但是這兩個現代的任務，却不是我國印刷術所能勝任愉快的。在抗戰末期還偶有一二好古之士，仍用舊法雕印書籍，但這除了觸發我們思古的幽情而外，對旣倒的狂瀾，是無法挽回了。

（自由談第十六卷第一期）

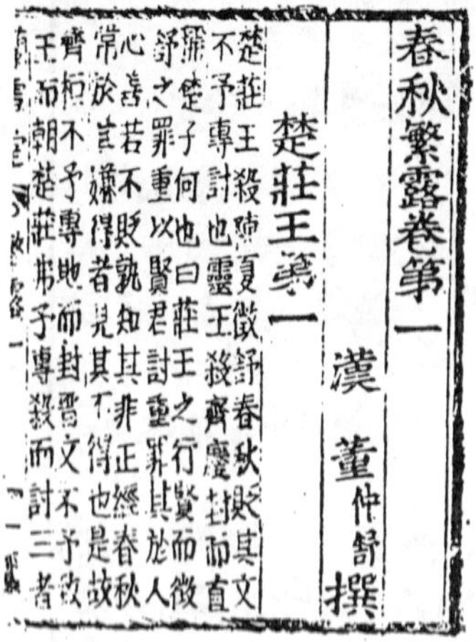
春秋繁露卷第一　漢　董仲舒撰
楚莊王第一
楚莊王殺陳夏徵舒春秋貶其文不予專討也靈王殺齊慶封而直稱楚子何也曰莊王之行賢而徵舒之罪重以賢君討重罪其於人心善若不貶孰知其非正經春秋常於其嫌得者見其不得也是故齊桓不予專地而封晉文不予致王而朝楚莊弗予專殺而討三者

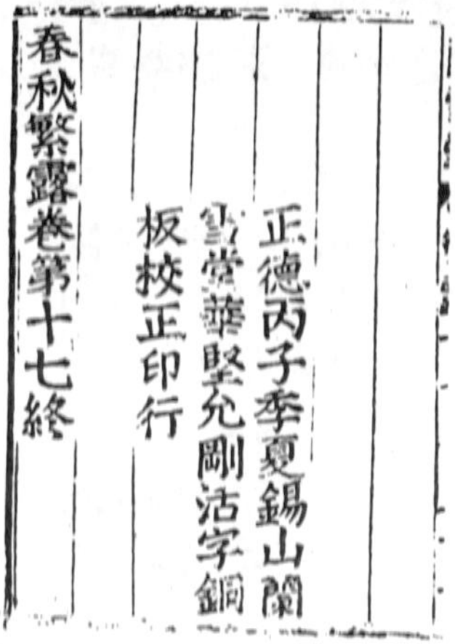
春秋繁露卷第十七終
正德丙子季夏錫山蘭雪堂華堅允剛活字銅板校正印行

春秋繁露　明正德十一年
華堅蘭雪堂銅活字印本

凡欲讀經先念淨口業真言遍

脩唎　脩脩唎　摩訶脩唎　脩脩唎　娑婆訶

奉請除灾金剛　奉請辟毒金剛　奉請黃隨求金剛

奉請白淨水金剛　奉請赤聲金剛　奉請定除灾金剛

奉請紫賢金剛　奉請大神金剛

金剛般若波羅蜜經

如是我聞一時佛在舍衛國祇樹給孤獨園與大
比丘衆千二百五十人俱尒時世尊食時著衣持
鉢入舍衛大城乞食於其城中次第乞已還至本處

……

一切有為法　如夢幻泡影　如露亦如電　應作如是觀
佛說是經已長老須菩提及諸比丘比丘尼優
婆塞優婆夷一切世間天人阿修羅聞佛所說
皆大歡喜信受奉行

金剛般若波羅蜜經

真言

那謨薄伽跋帝　鉢羅若　鉢羅蜜多曳
唵　伊哩帝　伊失哩　戍嚧馱　毗舍耶　毗舍耶
娑婆訶

咸通九年四月十五日王玠為　二親敬造普施

金剛經、唐咸通九年刊本

# 唐代圖書形制的演變

昌彼得

李唐一代（西元六一八—九〇七年）可以說是我國圖書史上古與今兩個時代的分水嶺。在量的方面，因印刷術的發明，代替了用手來抄寫，而使圖書的生產加速；在形制方面，因爲舊式卷軸閱讀的不便，而逐漸改進爲册葉的裝訂。這兩種演進，都是圖書史上由古代邁入近代化的重要過程。關於前一個問題，晚近學者研究討論的很多，在未有進一步的新資料發現以前，可以說大致已獲得一個結論。關於後一個問題，則研究討論的比較少，偶有涉及的，也都過於簡略。使我們對於我國圖書的形式，如何由卷軸演變成爲册葉的歷程，尚缺乏一個明確的概念。筆者姑就舊籍的記載，及近代發現的遺物，對這一個問題試作探討，以求教於方家。

我國圖書形制演變的過程，自從元代吾邱衍以來，論者多認爲係由**卷軸**一變而爲**摺疊本**，再變成爲**册葉**。吾氏著的閒居錄說：

古書皆卷軸，以卷舒之難，因而爲摺；久而摺斷，復爲部帙。

明胡應麟（少室山房筆叢經籍會通卷四）、及近人葉德輝（書林清話卷一）也與之持相同的見解。但是這種論據，在宋人的記載中，還找不到痕迹。按歐陽修歸田錄卷二云：

葉子格者，自唐中世以後有之。說者云：「因人有姓葉，號葉子青（原註：一作清，或作晉）者，撰此格，因以爲名」。此說非也。唐人藏書皆作卷軸，其後有葉子，其制似今策子。凡文字有備檢用者，卷軸難數卷舒，故以葉子寫之，如吳彩鸞唐韻、李郃彩選之類是也。骰子格本備檢用，故亦以葉子寫之，因以爲名爾。

此處所謂的「**葉子**」，近代的學者因爲宋張邦基墨莊漫錄卷三有：「斐鉶傳奇載成都古仙人吳彩鸞，善書小字，嘗書唐韻鬻之。……今世間所傳唐韻，猶有□旋風葉，字畫清勁，人間往往有之」的記載，於是認爲唐代的「葉子」，卽是旋風葉，也就是摺疊本。但是吳彩鸞寫的唐韻，宋代流傳的頗多。張邦基所謂的「猶有□旋風葉」，其意思並不一定說所有的唐韻，都作旋風葉。「葉子」的形式，據歐陽修說，「其制似今策子」。程大昌演繁露卷十五「葉子」條也說：

古書不以簡策，縑帛皆爲卷軸。至**唐始爲葉子，今書册是也**。

他們兩人都說「葉子」與當時的書册相近似。宋代圖書通行蝴蝶裝，而蝶裝與摺疊本在形式及裝置上迥然不同。因之葉子卽是摺疊本之說，不能不令人感到懷疑。

黃庭堅跋張持義所藏的吳彩鸞書唐韻云：

右仙人吳彩鸞書孫愐唐韻，凡三十七葉，此唐人所謂葉子者也。按彩鸞隱居在鍾陵西山下，所書唐韻，民間多有。余所見凡六本，此一本二十九葉彩鸞書，其八葉後人所補（山谷別集卷十一）。

此張持義舊藏的吳彩鸞書唐韻，清初尙流傳。卞永譽式古堂書畫彙考卷八曾著錄，註云係用小楷寫。又同卷載有明項元汴舊藏的彩鸞楷書四聲韻帖（卽孫愐唐韻），註云：

徽宗御書籤，題韻帖。共六十葉，每葉面背俱書，帖內小字自注。

書末有題記：「元和九年正月三日寫吳王本」一行。就記載的情形看來，這本也是唐代所謂的葉子。孫愐的唐韻據自序說：「總一萬五千文，其註訓解不在此數」。孫氏唐韻，現今不傳。宋陳彭年的廣韻則係根據唐韻重修的，廣韻的註文據四庫提要說：

凡一十九萬一千六百九十二字，較舊本爲詳，而冗漫頗甚。

唐韻的註文雖然比較簡略，想也不致少於十萬字。由此推算，以楷書六十葉面背皆寫計算，則每面所容當近千字；如以小楷書三十七葉本來計算，則每葉要寫三千字左右。我們可以想見，每葉要寫下這麼多字，決不是像摺疊本狹長紙所能容得下的。而且面背俱書，也不宜於作摺疊式的裝潢。書畫彙考卷八又著錄有唐貞元十一年釋義道所寫的法華經，卞氏註云：

小楷書，硬黃箋本。高八寸，濶一尺六寸，凡二十七幅，每行四十字。

從這一段記載中，我們更可以清楚地看出唐代的「葉子」，是橫寬縱短的散葉，與蝴蝶裝本子展開的形狀相近，所以歐陽修、程大昌等說「其制似今策子」。民國初年王國維整理故宮的書籍，曾發現了一部唐代寫本王仁煦刊謬補缺切韻，後來由羅振玉等影印傳世。這一部唐寫本也是幅葉寬大，橫長縱短。又法國伯希和教授在敦煌千佛洞石室也獲得了一部唐代寫本王氏切韻殘紙四十二葉，欵式與故宮本同（見蔣經邦敦煌本王仁煦刊謬補缺切韻跋，載國學季刊第四卷第三號）。這都是歐陽修所謂以葉子寫的，而備檢用的書。從這些唐代的遺物，益可證明「葉子」係散葉式而非摺疊本了。

自後漢和帝時蔡倫發明造紙的方法以後，直到唐代以前，我國的圖書都作卷軸形。此外還有一種書裝，卽印度的**貝葉經**，也流行於我國。大唐西域記卷十一載：

恭建那補羅國王宮城北不遠，有多羅樹林；周三十餘里。其葉長廣，其色光潤，諸國書寫，莫不採用。

多羅樹又名貝多樹，它的葉子簡稱曰貝葉。印度佛經都是用這種貝葉裁成長方形來書寫。自漢明帝時佛教傳入我國後，到南北朝、隋唐而極盛。印度及西域的僧人來我國弘法，以及我國和尚往印度求經，所攜來的都是這種貝葉梵文經。道宣續高僧傳卷二載：

那連提黎耶舍，天保七年屆於京鄴，文宣皇帝安置天平寺中，請爲翻經三藏……殿內梵本千有餘夾，勅送於寺。

又如慈恩法師傳載玄奘自印度運返佛經六百五十七部，五百二十夾。以上所舉不過數量上比較大的例子。貝葉經的裝置法，是在積若干葉後，上下用板夾住，再以繩捆紮。佛經係用梵文書寫，所以這種裝置又稱爲梵夾裝。這種圖書形式在佛教流行的國家，大抵都受了它的影響。近代在敦煌以及新疆各地發現的前代遺物中，有不少這種貝葉式佛經，用土耳其斯坦各種方言翻譯的，手寫或印刷在長方形紙片上。唐代的「葉子」，無疑的也是受貝葉經的影響。我們稱圖書的一張爲一葉，這種意義的起源，葉德輝曾加以考證。他認爲竹木之「葉」，在古代載籍中與典册的型式全然無關，因此懷疑書葉的名稱，是本之於貝葉經（見書林清話卷一「書之稱葉」篇）實則明末的潘之恒已曾作過這種推論，他在葉子譜題辭中說：「葉子，古貝葉之遺製」（續說郛卷三十九）。這種推論，相當的可信。

貝葉經的形式，因貝葉的大小受天然的限制，而梵文是由左向右橫寫，所以形成上下甚窄的狹長形。但是這種形式，用我國由上而下直行的文字寫讀起來，就不太合式了。唐代的葉子，雖說是倣自貝葉經，然而略有變通。就前人的記載及近代發現的遺物來看，大約可以分爲兩種。一種雖然作扁方形，但是上下加高。譬如前引的義道寫法華經，寬與高爲二比一，韻書約爲三比二。關於唐紙每幅的大小，據程大昌演繁露卷七「唐人行卷」條云：

唐人擧進士，必行卷者，爲緘軸錄其所著文以獻主司也。其式見李義山集新書序卷七，曰：治紙工率一幅以墨爲邊準（今俗呼解行也），用十六行式（書一幅解爲墨邊十六行也），率一行不過十一字。

李義山所說的紙幅，每幅十六行，一行十一字，雖與近世所出的敦煌唐人寫經紙幅，不完全相同，但是字有大小，李氏所指的當是通常的情形。而紙幅寬與高的比例，則都大約爲三比二。「葉子」大概就是以一幅爲一葉，這是與貝葉微有不同的地方。這種「葉子」因爲紙幅比較寬大，爲了翻閱方便計，唐人寫書作此式時，大多喜用硬黃紙，元虞集寫韻軒記云：

世傳吳仙（彩鸞）嘗寫韻於此軒，以之得名。予昔在圖書之府及好事之家，往往有其所寫唐韻。凡見三四本，皆硬黃書之，紙素芳潔，界畫精整（道園古錄卷三十八）。

又前擧義道的法華經，也是用硬黃箋寫。硬黃的意義，宋張世南游宦紀聞卷五說：

硬黃、謂置紙熱熨斗上，以黃蠟塗勻，儼如枕角，毫釐必見。

本來是以供臨摹用的。而寫韻書及經書用硬黃，恐怕是取其硬挺，翻閱收檢，都比較方便。像後代的書畫，作册葉裝置時，必裱在硬紙上一樣。

葉子的另一種形式，與貝葉完全無異，所不同的只是變貝葉的橫式爲豎式，成爲上下高濶，左右狹窄。清乾隆十一年，四川潼川府城外琴泉寺內的寶塔，被雷震倒塌。此塔的頂端貯有前蜀王衍（西元九一九—九二五年）時宰相王鍇所手寫的法華經，因而散出。沈清官潼川知府時購到了五葉，後歸於繆荃孫，繆氏著錄於藝風藏書續記卷二。此經每葉五行，每行十六字，五葉共有字二十三行。又伯希和在敦煌石室中獲得了漢乾祐三年（九五〇年）刻印的陀羅尼咒七葉，此七葉咒文係從一個版一次印成，而後裁開的（見卡特 Thomas F. Carter 原著，富路特 L. Carrington Goodrich 增訂「中國印刷術的發明及其西漸」第八章註十二）。上面所舉的兩種貝葉式葉子，雖然是五代時的，而非唐代的遺物，不過五代時所採用的這種型式，很可能淵源於唐代。李賀送沈亞之歌有句云：

白藤交穿織書笈，短策齊裁如梵夾。（歌詩編卷一）。

可見唐代已經有將書葉裁成貝葉形的了。

「葉子」既然是一張張的散葉，必須加以裝置，才不容易散失。裝置的方法，大概或者用夾，或者用函。夾是仿貝葉經的方法，如慈恩三藏法師傳所載，造一切經十部，用「夾紵寶裝」。**函的本義爲容**，古代有所謂的玉函、石函，都是用來盛放珍貴的物品。至於什麼時候借用這個名詞來作爲圖書的一種裝置？葉德輝認爲自南朝蕭梁時改卷軸爲摺疊本以後，裝書始用函；並且說當時護書的帙，應當名之曰函（見書林清話卷一書之稱函篇）。葉氏認爲用函裝書起於改卷軸以後，誠然頗具見解。但是他以爲摺疊本始於晉，並由此推衍說蕭梁以後的書帙應當稱函，這是他對於「本」字的誤解，而作的揣測之辭。實則帙是用作包裹卷軸的，函是用作盛書的，二者的意義並不相同。而且在唐以前只有書帙，並無書函的記載。根據文獻，用函裝書最早起始於唐。孟郊（西元七五〇—八一四年）的讀經詩云：

> 垂老抱佛脚，敎妻讀黃經。經黃名小品，一紙千明星。……拂拭塵几案，開函就孤亭。儒書難借索，僧籤饒芳馨（孟東野詩集卷九）。

用函裝書，當在改卷軸爲葉子時，其後書册盛行，也就沿用這種方法來裝書了。

現在回頭來談談「葉子」之制起始的時代。歐陽修說葉子格自「唐中世以後有之」，其制係倣「葉子」而作。由此推測，則他認爲「葉子」當始於唐代中葉以前。再根據記載來看，大約在唐初太宗時，圖書就已經有作「葉子」式的。唐釋法聰傳載：

> 貞觀二十一年（西元六四七年），海鹽縣鄱陽府君神因常祭降祝曰：「爲請聰法師講涅槃經」。道俗奉迎，旛花相接，遂往就講，餘數紙在（道宣續高僧傳卷三十五）。

這段記載中値得注意的是「餘數紙在」四個字，假如是卷子是的話，一卷首尾相連，必不致於留下幾張紙。可見他的涅槃經不是卷軸，而是散葉，才有遺落的事情發生。又大慈恩寺三藏法師傳卷七：

> 永徽元年（六五〇年），有內使遣營功德，前後造一切經十部，夾紵寶裝。

前面已談到過，夾是一種倣貝葉經的圖書裝置法，卷子的包裝則用帙。此處說經用夾紵（按集韻：紵音貯，義同），可見不是卷軸，而是「葉子」本。此外大約自貞觀以後，還有一個特異的現象，即和尚誦經，每每以通若干紙來計數，這類例子，見載於道宣續高僧傳及贊寧宋高僧傳中的，不勝枚舉，與所記唐以前的僧人讀經以卷計不同。又唐朝自至德元年（七五六年）以來，白衣出家，須經過考試，以能背誦佛經若干紙，始許剃度（見志磐佛祖統紀卷四十及四十二）。若干紙固然不能說就是葉子本的若干葉，不過與「葉子」制的通行，恐怕很有關係。唐代的「葉子」，大概是由釋典首先採用，而後漸及於其他的書籍。宋高僧傳卷五釋一行傳載：

玄宗詔入，謂行曰：「師有何能」？對曰：「略能記覽，他無所長」。帝遂命中官取言籍以示之。行周覽方畢，覆其本，記念精熟，如素所習。唱數幅後，帝不覺降榻稽首曰：「師實聖人也」！

此處說「覆其本」，不言掩卷，下並云「唱數幅」，可見內府典籍也有作「葉子」式的。孫樵讀開元雜報云：

樵曩於襄漢間得數十幅書，繫日條事，不立首末」（孫可之文集卷十）。

可見孫樵所藏的開元雜報是作幅葉裝。又沈亞之的藏書，李賀說他「短符齊裁如梵夾」。自唐中葉以後，「葉子」制已稍稍普遍，這是唐代圖書形制的第一變。

「葉子」比起卷軸來，無疑的是進了一步，查閱起來要方便得多。但是它不像卷子黏連在一起，當然容易散失錯亂。正如唐釋玄逸所喟嘆的：「若犍度失其夾葉，猶禮記脫錯先後」（宋高僧傳卷五玄逸傳）。所以歐陽修說，凡有常備檢閱的書，才用葉子來寫。這恐怕是葉子不太流行的主要原因。於是又從而改進，這種改進，係沿着兩個方向平行來發展。一種改進是變葉子爲摺疊本，摺疊本大概是由貝葉式葉子演進而成的，不再將紙裁開，而摺成像貝葉式的狹長形。這種裝置法對於儒家的經籍影響很小，僅有釋家及道家的經典採用，所以後代稱作經摺本或梵夾裝。

**關於摺疊制起始的時代**　宋羅璧說：

> 唐末年猶未有摹印，多是傳寫，故古人書不多而精審。作册亦不解線縫，只疊紙成卷，後以幅紙概粘之（原註：猶今佛老書）。其後稍作册子（羅氏識遺卷一成書得書難篇）。

這段記載中值得注意的是羅氏稱疊紙成卷爲作册。册、卽策字，這個字本來是紙未發明以前用簡牘時代圖書的一個名詞，是一個象形字，將許多簡編連起來才稱作册。後代借用這個字來作爲圖書的名辭，根據它的原義，必定是在將書葉連訂在一起以後，所以我們俗稱散葉謂之葉，積若干單葉合訂在一起才叫做册。唐代的葉子因爲係散葉，尚不知道裝訂的方法，故還不能叫做册。羅氏認爲摺疊作册起於唐末，我們參照唐代的文獻，這是絕無可懷疑的，而且可能還要早一點。

唐范攄雲谿友議卷中載：

> 韋（皐）乃遂辭去東遊，妻罄粧奩贈送。淸河公（張延賞）喜其往也，盡以七驢馱物。每之一驛，則附遞一馱而還。行經七驛。所送之物，盡歸之也。其所有者，淸河氏（按稗海本作妻字）所贈粧奩及布囊書「册」而已。（此據影宋鈔三卷本引，按稗海十卷本則載卷四）。

這是記載後代書册最早的一段文獻。韋皐、新唐書有傳，德宗貞元初（約七九〇年）代張延賞爲劍南西川節度使。關於雲谿友議所說他是張延賞的女婿，及僅攜書册東遊的事，則唐書本傳中未有記載。范攄，據唐書藝文志註，爲僖宗咸通時人（九世紀中葉）。即令韋臯攜帶書册的事不確，而范氏已經用「册」字來形容圖書，則其時必已經知道將書葉連訂的裝置方法。再參照羅璧的意見，此處所用的册字，很可能就是摺疊本。北宋初年孫光憲北夢瑣言卷四載：

盧光啓策名後，歇歷臺省，受知於租庸張濬。清河出征并汾，盧每致書疏，凡一事別爲一幅，朝士至今效之，蓋八行重疊別紙，自公始也」。

這一段掌故，宋吳曾著的能改齋漫錄卷一也曾引載，唯無「八行」兩字。此處稱「重疊別紙」，「朝士至今效之」，當是後代奏摺的起源。張濬征并汾事，按新唐書本傳及昭宗紀，在大順元年（八九〇年）。我國奏議書疏，在唐代以前，都是卷子，盧光啓改作摺疊，應當是受圖書形制變遷的影響。

國立中央圖書館收藏有敦煌所出的玄奘法師譯大般若波羅密多經殘卷一卷，每行十七字。此殘卷現在雖作卷子式，但其中每隔六行，有一顯然的摺痕，因之推測它原來必定是作摺疊式的。此經就字體觀之，約寫於唐中葉以後。又英國斯坦因在敦煌所獲得的經卷中，有一部僅只八葉的摺疊本佛經，是五代漢乾祐二年（九四九年）刻印的。這部摺疊本的一邊曾粘連在一起，翻起來就像現代的書册一樣（見卡特原著，富路特增訂「中國印刷術之發明及其西漸」第八章頁五八，及頁六五註十二）。這兩種是現代僅存的五代以前摺本，它的形式與宋以後的釋道藏經沒有什麼區別。到明萬曆末年嘉興楞嚴寺募刻大藏經，改作方册，摺疊式才廢棄不用。

葉子另一演進的方向，是由幅葉蛻變爲册子。羅璧說册子後於疊本。明胡應麟少室山房筆叢經籍會通卷四云：

> 自漢至唐，猶用卷軸。卷必重裝，一紙表裏，常兼數番。且每讀一卷，或每檢一事，紬閱卷舒，甚爲煩數；收集整比，彌費辛勤。至唐末宋初，鈔錄一變而爲印摹，卷帙一變而爲書册。

根據他們的意見，册子的起始後於摺疊本，其時代最早不過唐末。我們再根據其他的記載及現存的實物來推度，在五代時册裝就已流行了。五代國子監雕印的九經三傳，據記載是作册裝。五代會要卷八經籍云：

> 周廣順三年六月，尚書左丞兼判國子監事田敏，進印版九經書、五經文字、九經字樣各二部，一百三十册。

五代的監本，現已不傳，書册裝置的形式，無法詳悉。不過從其他方面來推證，應當不是摺疊本。九經三傳及五經文字、九經字樣，共有一百九十五卷，五代監本每部裝爲六十五册，則每册平均有三卷之多。就後代的經摺裝本佛經來看，都是一卷裝爲一册，否則則書册太厚，而有不便。以此來例五代監本，一册有三卷書，是不宜作摺疊式的。五代監本雖然不傳，但是它的版式行款還可以從後代的翻本來窺見。日本室町氏所刻的爾雅，係覆刻自宋本，書末有「將仕郎守國子四門博士臣李鶚書」一行，其本黎庶昌曾影刻入古逸叢書。王國維跋此書說：

> 此本實紹興後重刊舊監本，其行款大小與唐人書諸經卷子，一一相近，自是五代舊式（觀堂集林卷十七）。

此書字體寬大，每半葉八行，行十六字，註雙行，行廿一字。從這部遞翻本的行款看來，五代監本非摺疊本可知。唯此覆本中間有版心，與現存的五代刻本格式不同。是不是五代監本原來卽作此式？抑或是宋代覆刻所更改的？現在已經無法詳考了。不過五代刻書的規模，從敦煌所發現的遺物中，還可以略窺梗概。法國伯希和教授在敦煌石室中獲得了五代時刻印的切韻殘紙十六葉，每葉凡三十四行，每行的字數有廿四、廿五、廿七、廿九、及三十等五種，係五種不同的版刻。裝置的方法是字向裏對疊，有如宋代的蝴蝶裝。唯一不同的地方，是此五代刻本中間沒有版心，以三十四行爲一版，每版版數刻在每葉正文的後面（參見魏建功撰敦煌石室存殘五代刻本韻書跋，載國學季刊第三卷一號）。這些五代刻本的格式與唐代的葉子非常相似，我國圖書如何由葉子蛻變爲宋代的蝴蝶裝，從這些殘紙中，可以獲得一個淸晰的輪廓。到了宋初，則將每版的中間，留一空行，成爲版心，來刻記書名版數，這種演進，才算完成了。

就以上所討論的，我國圖書的演進，初由卷子解散爲葉子，葉子復衍爲幅葉式及貝葉式二種。貝葉式葉子進而改爲摺疊本，幅葉式葉子後來蛻變而成册子。這種種演進的過程，是極其自然的。有的在唐代就已完成，或者是在唐代已肇其端。吾邱衍所說，由卷子變爲摺本，由摺進爲書典，實在是一種不太近情理的推測。

# 談善本書

昌彼得

（本文係東海大學廿週年校慶昌教授應中文歷史四所系學術演講經昌教授校訂之紀錄）

我們在目錄書中常常見到，或是聽到「善本」這個名詞，但究竟什麼樣的書才能稱爲善本？一般青年學子對其概念還很模糊。「善本」顧名思義，是指美好的書本，但怎樣才算美好呢？要了解這一名詞的含義，須先淸楚它的意義在歷史上的演變。「善本」這個名詞的起源並不太古，它是在印刷術發明並普及以後，大約在北宋時期才出現的。北宋末年有一位學者葉夢得（石林）在所著石林燕語卷八中說：

「唐以前，凡書籍皆寫本，未有模印之法，人以藏書爲貴，書不多有，而藏者精於讎對，故往往皆有善本。」

另外南宋初期有一學者叫朱弁的，他在曲洧舊聞卷四云：

「宋次道（敏求）家藏書，皆校讐三五遍，世之蓄書，以次道家爲善本」。

這兩個例子說明凡是經過審愼校勘的書本可以稱爲善本。這是宋代所謂善本的定義之一。

朱弁曲洧舊聞卷四又云：

「穆修在本朝爲初好學古文者，始得韓、柳善本，欲二家集行於世，乃自鏤版，鬻於相國寺」。

穆修根據唐代的本子將韓柳集雕印出版，對古文的提倡有很大的貢獻。又高宗翰墨志云：「淳化帖、大觀帖，當時以晉唐善本，及江南所收帖，擇善者刻之」。這兩個例子說明了晉唐的古本可以稱爲善本，這是宋代所謂善本的定義之二。

洪邁容齋四筆卷十，東坡題潭州帖云：

「潭州石刻法帖十卷，蓋錢希白所鐫，最爲善本」。

又現在通行的通鑑紀事本末前有元陳良弼的序文，他說：

「趙與悳以爲嚴陵（刻本）字小且訛，於是精加讐校，易爲大字，成爲天下之善本」。

這兩個例子是把近代所校刻很精的本子也稱爲善本。這是所謂善本的定義之三。

另外宋紹興年間，有一位名叫董棻的，他跋世說新語：說「世說三十六篇，世刻傳者釐爲十卷，或作四十五篇，而末卷但重出前九卷所載。余家舊藏，蓋得自王原叔（洙）家，始得晏元獻（殊）手自校本，盡去重複，其注亦小加剪裁，最爲善本」。現在通行的世說，卽自晏殊校本出，與敦煌所出唐代寫本頗有差異。這是以經過精校而無重複且注文精當的本子稱爲善本。又在宋會要稿第五十五册中有一段資料云：

「宣和七年四月九日，提舉秘書省言：取索到王闓、張宿等家藏書，與三館秘閣現管帳目比對到所無書六百五十八部、二千四百一十七卷。及集秘書省官校勘，幷係善本」。

這是以流傳稀少的書稱爲善本。

由以上所舉我們可以歸納宋朝人對善本書所下的定義，凡是經過精校的，及精刻的，精注的，流傳稀少的，或舊本等五類書本皆可稱爲善本。此一定義，元明兩朝一直沿用。清光緒初張之洞在所著的輶軒語語學篇中論善本書說：「善本非紙白版新之謂，謂其爲前輩通人用古刻數本，精校細勘，不譌不缺之本也」。於是他對善本書下了三個定義：

一、足本——沒有缺卷，未經删削的本子。

二、精本——凡精校的，精注的書皆屬之。

三、舊本——凡舊刻，舊抄皆是。

他的這三點意見實際是從宋朝以來所謂的善本歸納得來的。而他所說的善本，也就是一般讀書人所稱的善本。

惟是我國自明末清初以後，一般人所認爲的善本書，其意義與前面所述的略有差異，藏書家所稱的善本，完全視書本是否古舊而定。凡是舊刻，舊抄的，因爲存世較少，他們認爲應該特別予以珍藏，妥爲保存。有些書雖然校刻的很精，編注的很好，但若是通行的本子，藏書家就不將它列入善本書中，故藏書家所謂的善本，實是指的珍本書而言，與讀書人的觀點不同。

中國雕版印刷起源甚早，約在七世紀末，至遲八世紀初就已發明了。到了宋代，印刷術已相當的進步並普及，雕版印書也流傳甚廣，然而元明兩代的藏書家，初並未特別重視宋版書，宋版書之被認爲可貴是始於明中葉以後。當時有些學者對通行的一些書讀起來發生疑問，於是尋覓舊本來作校勘訂正，因此宋版書成爲藏書家蒐訪的對象，覆刻宋元本書成爲風氣，宋元舊本乃大受重視。玆擧一個故事來說明。據清吳翌鳳遜志堂雜鈔記載：

「嘉靖中，有朱吉士大韶者，性好藏書，尤愛宋時鏤板。訪得吳門故家藏有宋槧袁宏後漢紀，係陸放翁、劉須溪、謝疊山三先生手評，飾以古錦玉籤。遂以一美婢易之，蓋非此不能得也。婢臨行題詩於壁曰：『無端割愛出深閨，猶勝前人換馬時，他日相逢莫惆悵，春風吹盡道旁枝』。吉士見詩惋惜，未幾捐館」。

像這種以人來交換書，眞是佞宋之癖，入於膏肓。又譬如明隆萬間的一位大史學家王世貞（弇州），爲了要得到一部宋版漢書，不惜出售在太倉的一座田莊才購得。可以想見當時珍重宋版書風氣之一斑。到了明清之際，像毛晉、錢謙益、季振宜等人，皆極力覓求宋元版。此一時期雖然大家重視宋元版，但他們並未只以宋元版爲善本，只是特別珍貴而已。在這種風氣影響下，到了清代中期，蘇州的黃丕烈，海寧的吳騫，一個以收藏宋版豐富炫耀，一個以集藏元刻多來標榜，百宋千元，傳爲書林的佳話。但在此時期，也還沒有認爲除了宋元版以外就無善本。就是到了光緒初年，歸安的陸心源，將家中的許多宋元版及一些名家手抄或批校的書貯放在皕宋樓，明以後的刻本則藏在守先閣，但以舊本與非舊本書分置，也並未以善本與普通本對稱。

專將舊本視作善本的，是開始於清末杭州的藏書家丁丙、丁申兄弟。他們於光緒十四年在嘉惠堂內闢了一間屋子署名善本書室，專攻置舊本書，廿七年並編印了一部目錄——善本書室藏書志，善本之名，自是始專歸之舊本書。稍後，宣統年間繆荃孫編印學部圖書館善本書目，善本之名，遂爲後來藏書家所沿用。所指者，卽張之洞所言的舊本而已，足本，精本皆未包括在內。故今日一般習稱的善本僅是指的珍本，並非學者所認爲的善本，已失去了它原來的意義了。至於舊的標準如何？這亦隨時代而異。明清之際大家所搜訪的，偏重宋元版，以宋元版本爲舊。清乾隆年于敏中、及嘉慶初彭元瑞先後奉勅編輯天祿琳琅書目及續編，所著錄的，除了宋元版以外，將明朝精刻或覆宋刻本書也酌歸入舊本。這一標準，爲後來藏書家所沿用，大抵以明代初年以前刻本爲舊。至清末，標準又略降低，丁丙善本書室中所貯，除了宋元及明嘉靖以前刻本外，萬曆以後的刻本傳世較稀少的，亦歸入善本之列。所以他出版的善本書室藏書志編輯略例說明著錄的標準有四：一、舊刻，指宋元古本；二、精本，指明嘉靖以前刻本及萬曆以後罕見的版本；三、舊抄，指明及近代影抄精本；四、舊校，指名家批校本。這一善本的標準，一直沿用到民國初年。民國廿二年，國立北平圖書館出版的善本書目卽依照此標準。並又編印善本書目乙編，以著錄明萬曆以後的刻本及清初所刻而較罕見的版本。卅六年江蘇省立國學圖書館出版的書目，在書名下分別注明甲或乙或不注，注甲字者是依丁丙的善本標準，注乙字者則與北平圖書館善目乙編的標準略同，不注者是普通本。四十五年國立中央圖書館出版的善本書目亦沿其例分成甲乙兩編。到了五十七年，臺灣所出版的各大圖書館藏善本聯合目錄所採的標準又降低了一些，不再分爲甲乙，凡是明亡一六四四年以前的刻本皆列入善本，再加上清初所刻而傳世較少的版本。蓋舊本書傳世日漸稀少的緣故，不得不特別予以珍藏。所以俗謂的善本也者，在實質上只是傳世較少的珍本，也就是一般收藏家所說的舊本。但在我們做學問的人應該將範圍看廣一點，應以張文襄所說的舊本，足本，精校精注本作爲衡量善本的標準才是。

舊本書既爲藏書家所珍貴，那麼舊本書到底有什麼價値呢？收藏家之所以特別寶貴與重視舊本書，也並非完全將舊本書視作古董，而是因爲它確具有學術上的價値。清道光年間、洪亮吉的北江詩話將當時的藏書家分成考訂、校讐、收藏、賞鑑、掠販五等。其中的賞鑑、掠販兩家中，固然或有將宋元版視作古董的，至於考訂、校讐、收藏三家，則是以所藏的善本作學術的研究，或蒐集文獻以供他人來作研究。

我國是一個文明古國，圖書的歷史悠久，就是從印刷術發明到現在也有一千二百多年了。古籍經過了若干次的繙刻，而因校刻的人的學識高下而有優劣之分，倘若讀者不選擇善本，往往可能發生關係重大的影響。現在我講兩則故事，作爲例子來說明：一、宋朱彧萍州可談中記載，在北宋哲宗元祐年間，杭州府學有位教授姚祐先生，某次考試生徒的易經，出題：「乾爲金、坤又爲金、何也」？參加考試的學生見到試題後，相覷詫然，無從措筆。因爲易經的原文本是「乾爲金、坤爲釜」，國子監刻本不作坤爲金。於是有生徒懷著監本，上前請教教官，是否依據福建麻沙刻本而有錯誤？蓋監本不如此。姚祐檢核了監本及所讀的周易，果然是自己的麻沙本刻錯了，將釜字上面漏了兩點，變成了金字，而鬧了一場大笑話，遂坦承錯誤認罰改題而止。二、明正德嘉靖間陸深金臺紀聞記載，明代初年金華有一位名醫戴原禮，嘗因事去南京，寓住旅邸，見對面有一醫生診所，每日前往求診的病人很多，心想一定是一位神醫，遂去其門前察看，見其所處方，並無什麼特異之處。一天，偶見有一位病人拿著藥方已走出門外，那醫生匆匆追出來，告訴病家，煎藥時要放錫一塊作爲引。原禮在旁聽了，甚感奇怪，從未聞有以錫作引的藥方，遂上前請教醫生。醫生說：這是依據古方。原禮要求一閱原書，原來是餳字之誤，餳卽是糖，醫生藏本將食旁誤刻成金旁，易字又少了一筆，乃變成了錫。於是告訴他急爲改正。由於醫生不講求版本，沿用不好的本子開方，幾乎要釀成人命。可見雖是一個字的誤錯，其影響也可能是很大的。

以上所講的是古代的事例，我再談一個現代的例子。諸位可能還記得，在民國五十五年臺北市高中聯考國文時，有一道改錯題，由於所引據的本子不同，發生了所謂篷蓬之爭，而一時喧騰報端。此題是出自唐李白的別友人詩：「青山橫北郭、白水繞東城、此地一爲別、孤篷萬里征」來改其中的錯字。標準答案應將蓬字改成竹頭篷字，因而引起了以草頭蓬字不誤未改的學生家長們之不滿，紛紛投書報紙指摘。當時國立編譯館公開答覆說，根據明嘉靖年間吳郡郭雲鵬覆宋刻善本（即四部叢刊初編影印本），應作竹頭「篷」字。姑不說「孤蓬」一詞，在文選中屢見不鮮，喻作小草。就從版本來談，他們的依據也未盡當。郭氏刻本並非覆刻宋本，也並不是眞正的善本。宋楊齊賢注、元蕭士贇補注的李太白詩現在存世最早也最善的版本，是元至大間余氏勤有堂刻本，其次有明正德間安正書堂刻本，都作蓬字，不作篷字。編譯館不去查考較早的版本，而但依據未必佳的嘉靖本，致引起軒然大波。所以我們讀書做學問，應當特別注意版本，才能避免製造笑話。宋黃朝英著的靖康緗素雜記，在卷十中記載說：

「韓愈之子名昶，嘗爲集賢校理，史傳中有說金根處，皆肐斷之，曰：『豈其誤與？必金銀車也』。悉改根字爲銀字」（按金根、車名，殷名乘根，秦改曰金根。金根者，以金爲飾）。

韓昶不懂古代制度，乃有亂改古書的毛病。所以我們讀書時，如發生了疑問，不妨從版本方面來探究，也許可以獲得解決。近代西洋學者研究中國學問，如遭逢問題時，往往從版本方面來研究而找到了解答。

講求版本，並一定是說舊本都是善本，沒有錯誤的。清初有一位校勘名家陸勑光（貽典）曾說：「古今書籍，宋版不必盡是，時刻未必盡非。然較是非以爲常，則宋刻之非者居二三，時刻之是者無六七」。眞是可謂經驗之談。是前人也並不一定偏重宋版，不過舊本書中的確有它的佳善之處。清中葉以後有許多校勘學家做了不少的校勘工作，像盧文弨的群書拾補卅八卷，蔣光煦的斠補隅錄廿四卷，陸心源的群書校補四十卷，用他們所蒐得的舊本來校勘當時通行本，將傳本脫漏謬誤的地方，一一校出記錄下來，對讀書人有很大的貢獻。

爲什麼我國獨獨會有版本的問題發生呢？我們要清楚這個問題，必須先要明瞭版本的意義。在紙未發明以前，古人利用竹或木削成狹長片來寫書，單指一根稱爲簡，將若干根簡編連起來稱作一册或一篇。除了簡册以外，另有一種寫字的工具名爲方或版的，其形制據古書的記載，是以木製成的長方形板，上面大約可以書寫五至九行，一百字以內。「版」本來是古代圖書形制之一種，主要供官府記錄錢糧土地戶籍。到後來紙發明了，而廢用竹木，「版」字則在歷史上消失了一段時期。唐代發明了雕版印刷術，由於雕板的板與古代的方版形狀相似，所以沿用舊稱，將雕板稱爲「版」。「本」字，根據說文解字曰：「木下曰本，從丅」。卽樹木的根，爲根本之意。譬如別錄云：「讎者、一人持本，一人讀書」。劉向校書，盡取中外所藏的書本。顏氏家訓書證篇中常引江南書本，以別於江北的書本。都是說明各書的本根來源。「版」是橫的，有時間地域的區別，譬如宋版、元版、明版、杭刻、蜀刻、閩刻等，可稱爲緯。「本」則是縱的，是經，沒有時代地區性。「版」雖有不同，其「本」則可能是相同的，譬如宋版書及後代覆刻或影印該宋版，版雖不同，其本則不殊。版本學就是研究圖書的這種經緯縱橫關係，它所包含的範圍較廣，並非單指雕版，就是手抄本、批校本，也都在版本學研究的範圍之內。

中國版本學之所以會產生，乃是因為印刷的歷史久長，歷代雕印書的人的學識有高下，以及其刻書的目的有所不同，於是印刷成的書本也就有了優劣。在宋朝時，印刷術已是非常的發達，當時雕印的中心地區有三：

一、以杭州為中心的浙江地區，卽所謂的浙刻本。

二、以眉山為中心的成都地區，卽所謂的蜀刻本。

三、以建陽建安為中心的福建地區，卽所謂的閩刻本。

在這三個出版業中心，以杭州所刻最為著名。兩宋國子監及江南地區的官刻，絕大部分是在杭州雕版的，故杭州校勘寫雕印刷的專業人才較多，所出版的書亦最精。四川刻書也相當的不錯，此地自唐以來，印刷業卽甚為發達，而且文化水準相當高，故所刻之書也很精美。建陽建安則為福建書坊薈萃的地方，著名的麻沙書坊卽在建陽縣境，出版最多。不過書坊以贏利為目的，故所刻較遜。宋代杭州刻書多是請書法名手來繕寫上版，用棗或梨樹木版來雕鐫。棗梨木料堅實耐久，可以保存繼續刷印達幾百年。其所有印刷的紙大都以桑麻為主要原料造成。桑皮紙甚為厚實，具有韌性，國子監刻書多用此種紙刷印。麻紙雖較薄，但韌性也不錯。四川印書除了用麻紙外，另也有用籐皮纖維為主要原料造成的籐紙。上述的幾種紙皆可以耐久，不容易磨損脆裂。至於福建刻書因為多出自書坊，以圖利為主，為了使銷行廣，必須售價廉，故力求減低成本，選用廉價的材料。譬如以榕樹木代替棗梨來雕版，榕樹，福建生產甚多，故價廉。而且其木料質地粗鬆，易於施刀，自然也就省工了。在用紙方面則多以竹製的紙，竹紙價低，但其缺點爲無韌性，放久後，易於脆裂。所以福建雕印的書，在品質上雖遠不及杭蜀兩地刻本，惟因售價低，銷行反而較廣，遍於全國。

此外，在校勘方面，閩版也沒有浙本蜀本矜愼。我國雕版印書的過程，是先寫樣本，經過校勘，然後請書家繕寫在薄紙上，再經過校勘，如無錯誤，則反貼到木版上，由雕刻工刋雕，雕竣，初用朱色刷印數部，再送請校勘，蓋恐怕雕字工人將原來的字劃雕錯了，無誤後，才正式印刷裝訂成書。杭蜀二地刻書校勘審愼，經過多次的校勘，故錯字較少。福建刻書爲了省工，校勘的次數少，而且比較馬虎，故缺筆漏字的情形較多。像前面所講到「乾爲金，坤又爲金」一類的笑話，在宋人筆記中屢見不鮮，批評也最多。然而閩本售價低，流傳反而較廣。現今傳世的宋版書，閩版書幾乎佔了一大半。到了明代，情形又有改變，在書賈方面，尙大抵一如往昔，偸工減料，據嘉隆間郎瑛七修類稿中記載說：福建的書坊如果發現某一書的銷路好，馬上僱工予以翻刻。爲了搶時間、搶生意，往往將原書中的篇第暗中刪減，使人不覺。造成了卷數雖相同而內容卻有很大的差異。然而因爲便宜，一部書只售半部的價錢，而爲人所爭購。這尙只是造成版本異同的原因之一，而明代末季的人還有一個更壞的習慣，喜歡改篡書。王陽明的致良知之說，講求頓悟，本來並不錯。但是經過再傳以後，其末流流入狂禪學派，讀書不求解，只要閉室面壁幾天，自謂道理想通，可以一以貫之，卽自以爲是聖人。這類人校刻古籍，遇有不能通解之處，卽予以篡改，以使符合自己的意思，正好像唐代韓昶改金根車爲金銀車的情形一樣。所以清人常說：「明人刻書而書亡」。這句話並不是說明朝人刻其書後，該書沒有了，而是該書失去了它本來的面目，等於原書亡了一樣。清代樸學之所以興起，正是明末學風所激促成的。清人崇漢學，講名物訓詁，特重校勘學，蒐求宋元版，都是因明末之任意纂改古籍所造成。另外還有一種書因版本不同而內容發生差異的原因，則是屬於政治型，有意的改纂。清乾隆中纂修四庫全書就是一個實例。清高宗爲了消弭民間反清復明的思想，假修書徵書之名，達到焚禁圖書之實。遇有流傳已久的書而無法禁毀，則將其中他認爲有違礙的內容，加以纂改。不僅對明朝人的著作如此，宋人書中凡有不利於金人的記載，也予以刪改。我再舉一個例子：南宋莊綽寫了一部書名雞肋編，其中原有一篇孔子宅，敍述金兵南侵時，經過山東曲阜孔子的老家，指著孔子宅大罵，說：這就是曾說「夷狄之有君，不如諸夏之無」的人，於是放火焚毀孔子老家，文中記載金兵的暴行甚酷。修四庫時，大概因此篇文字無法部份纂改，於是將全篇刪去，而另杜撰一篇敍述孔子世系的文章以補其位。所幸此書元人抄本還存世，可使我們得睹其書的原貌。至於對明人的著作，因涉及清開國的歷史，刪改的更多。就是清人本身修纂的史書，也因時代的不同，遞有纂改。譬如現在通行的清實錄，其中清開國及初期的幾朝，是乾隆朝纂修頒行的。假如拿故宮所藏清順治年間初纂的太祖、太宗兩朝實錄來校勘，內容就有很大的差異，若干史實的眞象，重纂時予以隱沒了，所以我們做研究利用某書資料時，首先應當將該書的版本源流約略了解，才能靈活的運用。做研究工作的人，倘若具備有一些版本學的知識，則可得心應手，對研究當有不少的助益。

最後來談談善本的鑑別。這個問題包括如何鑒定版本，及怎樣知道其本的優劣。鑒定版本是版本學上較難的一個課題，必須多看，多作比較的研究，正如孫從添藏書紀要中所說：「必須眼力精熟，考究確切」。假若不浸淫其中若干年，是很難鑒別無失的。因爲自明末假造宋元本的風氣卽很盛，技術也不斷的進步。如果眼力不能精熟，卽易受其愚弄。當然，一個收藏家或圖書館的採訪人員，必需具有很精的鑒別眼力，才不致上當吃虧。但在做學問的人而言，只要具有基本的鑒別知識，知道某書是宋是元，或是否好版本卽足。現在我簡略的談談鑑別善本書的幾項原則，也就是必須具有的幾項基本知識。

一、要略懂我國版刻的歷史，知道歷代雕版的優劣情形。一般而言，宋元版是善本，明中葉以後刻本較差，清康雍以後刻本校勘矜愼。然而宋代有浙蜀閩版之分，同一地區刻本，又有公私之別。也有宋元版明代修補印行的，其間差異頗大。明季刻本，固多改纂，也不乏覆宋精刻的。清代刻本，固多校勘精審，但也只限於收藏名家的刻本，不宜一概而論。至於同是手抄本，其中有著名藏書樓或名家的抄本，也有鄉間塾師或生徒抄手，其優劣則有天淵之別。如果瞭解版刻及圖書的歷史，對鑒別善本有很大的幫助。

二、需要略具版本學的常識，而知道區別宋元版或名家批校鈔本。精於鑒定版本固然不是一件簡單的事，但一見其本卽可約略區別它是宋元版或明清刻本，則並不是一件太難的事。因爲一個時代有一個時代的風格，只要能了解各時代的風格，而知道其上限，就能約略推斷出該版本可能最早的時代。我約略的談談鑒定的幾個最基本的常識。

**甲、版式**　所謂版式，就是一塊書版的格式。書版的四周圍有墨線稱作版匡，也名爲邊欄。四周一道墨線的稱爲單欄，兩道墨線的稱爲雙欄，通常的上下一道墨線，左右兩道墨線的稱爲左右雙欄。版的中央部位留有一條不刻正文的部位叫做版心因爲宋元時代通行蝴蝶裝，文字向裡對摺，此部位在中心故名；明初以後改行包背及線裝，文字摺向外面，此部位也變成向外部份，故又名版口。版心的上下各有一道橫線，從此橫線至上下邊欄形成上下各一個空格，叫做象鼻。象鼻中空白的稱爲白口，中間有一道墨線的稱爲小墨口或線口。若爲粗黑線或全黑的稱爲大黑口或濶黑口。如果上象鼻之中刻有書名，通常稱爲花口。在上橫線之下及下橫線之上，通常各刻有一似魚尾形的墨文稱做魚尾，係供摺紙的準線，也有僅上面有而下面無的名單魚尾，也有多至三個四個的。上下魚尾之間係供刻記書名，卷數及葉次。宋版書多是白口單邊，版心上方記本版字數，下象鼻中記刻工姓名或單記一字。而記字數的情形源起稍晚，大抵起於南宋光宗以後，而南宋以後通行左右雙欄。至於書名並不全刻，只用兩字或三字。自南宋末年又開始有版心上下作黑口者，至元及明初乃通行。明正德嘉靖間覆刻宋版漸多，故版心又變爲通行白口，不過罕有記載字數及刻工的。嘉靖間又有開始將書名改刻在上象鼻內，而書名全刻，形成花口，萬曆以後成爲定式。又宋代通行每卷前載列該卷的卷目，下連屬正文，因爲係沿襲唐代卷子本的款式，但刻宋人著作用此式的則不多。以上所談只是大概的情形，而且不能斷其下限。譬如見到版心上下記有字數刻工的，不能卽認爲它是宋版，因爲元代及明中葉以後仿宋覆宋刻本也有此式的；見到黑口本不能必說它是元版或明初本，嘉靖以後也偶有刻作黑口的。不過可以定其上限，版心上方刻有書名的，絕不會是明正德以前的版本，黑口本也不容易僞充宋版。

## 乙、行款

所謂行款，是指其版每葉若干行，每行有若干字。清江標嘗撰宋元行格表，以爲宋版書的行字有一定的規式，卽每葉若干行，每行的字數，必與行數相同。固然，如南宋國子監刻九行大字本諸史，每葉十八行，行十八字，浙東茶鹽司刻群經注疏合刻，每葉十六行，行十六字等，誠如江氏所說，但此並不能完全概括所有宋版。從傳世的宋元版觀之，行字之間並沒有一定的關係。不過某家所刻各書，大都有他一定的行款。如宋元刊附釋音群經注疏，皆每葉廿行，行十八字；宋刻十行本諸史，皆每葉二十行，行十九字；臨安陳氏書籍舖所刻唐宋詩集，均每葉廿行，行十八字，蜀刻唐人文集，率每葉廿四行，行廿一字等等，也可以供我們作鑒定的參考。

**丙、字體**　書畫詩文等藝事，各時代有各時代的風氣，精於鑒賞者，一望卽可知。圖書版刻的字體也是如此，且雕版工匠一時有一時的習尚，其或翻刻摹印，貌雖似而神已離。故審察字體實爲鑒別最主要的方法，不過這需要博覽多識，非初習者所能。但能略識梗概，也足供初步鑒別的參考。

宋本書中常見的有三種字體，一仿歐陽詢體，字畫規整端方，通行於江浙等地雕版書。一種爲福建刻本所常見的，字體在顏柳之間。另一種亦近柳體，但與閩刻不同，其橫畫落筆處，帶有瘦金體的韻味，是爲蜀刻的字體。元刻字體，初期亦因襲自南宋，中葉以後則通行趙孟頫的松雪體，圓潤秀逸。此種氣習下至明代弘治正德年間，沿而不改，只有工拙之分。正德以後，覆刻宋版的風氣漸盛，尤以覆刻南宋陳氏書棚本唐人詩集最多，陳氏書棚本訪歐陽率更體，覆刻時因仿其字體及版式，影響所及，故嘉靖以後刻書字體及版式的習氣一變。惟寫刻未精，工匠爲便於施刀，漸變成橫輕豎重，板滯不靈的匠體字，卽現在我們通稱爲宋體字者。此類字體起於嘉靖，變於隆慶，成於萬曆，大抵每三五十年一變，愈趨愈方板。清代除通行宋體字外，另外尚流行一種輭體字者，卽正楷書，這兩種字體一直沿用至今，我們可以從字體約略鑒定其雕版的時代。

**丁、刻工**　宋元版書中大都記有刻工，這是研究版本學很重要的資料。研究刻工是比較晚起，近幾十年來對刻工的研究漸有成績，最早是民國廿三年日本長澤規矩也先生在日本書誌學上發表了宋元刻工表初稿，對於研究刻工的人有很大的方便，風氣所及，後來編寫善本書志圖錄的，對於刻工皆加以詳細記載。近年對刻工已作有系統的整理予以斷代及分地區研究。故可從刻工來考出該書大概刻於何時何地。不過應注意的，明清覆刻宋元版，有並刻工照樣翻刻不改易的。故鑒定版本須各方面均要配合，光憑刻工一項是不夠的。

**戊、諱字**　宋清兩朝對於皇帝的御名，須要避諱，或缺最後一筆，或用其他同義字代替，如清代以元代玄，正代禎，允代胤等。宋代不僅避皇帝御名，卽若干同音字，也須缺末筆。如高宗名構，須兼避勾、鉤、溝、遘等字。有時不作缺筆，而空其字，其字地位代以「今上御名」或「太上御名」等字樣。元以蒙古入主中華，不用漢俗，故不避諱。明人沿元習俗，也不避諱。但在天啓年間又恢復避諱，譬如熹宗名由校，校字避諱改作挍字，又改作較字。由書中避諱的情形可以看出該書刻在何時。如近年漢華公司影印的宋本中興館閣錄，其書於寧宗廟諱「擴」字，代以「今上御名」，可知其本刻在寧宗時。又如四部叢刊景宋本豫章黃先生集，書中於構字注曰「太上御名」，可知其本刻在孝宗時。故宋清刻本，審察書中的避諱字，及於那一位皇帝，則可以考出其本的刊刻時代。不過宋代私家刻書，避諱不甚謹嚴，明代覆刻本，也與原本同樣作缺筆，故尙需審定其他方面，光據避諱字，尙不是絕對的鑑別方法，何況元明並不避諱。

此外紙張的情形，也可供鑒別的參考。總之，鑒定版本，不宜執著，分開來論，絕不能單憑一兩項特徵而推斷其版刻的時代，必須綜合各種情況均相符合，才能下斷語。至於鑒別抄本的優劣，須先熟習前代收藏名家的生平及抄書情形，大抵各名家抄書都備有專用的紙。名家所抄的書必是罕見的書或傳錄好的版本，故必爲善本。如非名家抄本且未鈐有名藏家的收藏印記，其價值較低。關於抄本批校本的情形，因涉及較廣，限於時間不多談。

三、需要略具目錄學的常識。張文襄書目答問略例云：「讀書不知要領，勞而無功。知某書宜讀，而不得其精校精注本，事倍功半」。要如何才能事半功倍？這就需要目錄學來爲之指引。目錄學的意義是把繁雜的圖書，依照學術的分類，部次得井井有條，使讀者能卽類以知學，因學以求書。故前代的讀書人莫不具有目錄學的知識，以備開啓研究學術之門。自明季社會重宋元版風氣所及，於是有專重圖書版本的目錄書出現，也就是所謂的賞鑑書志。從淸初常熟錢曾撰讀書敏求記開其端，乾嘉以後逐漸成爲中國目錄學的主流。藏書家將他們珍藏的舊本，撰寫書志，介紹於人。因爲他們收藏豐富，同一書藏有若干不同的版本，便於互相勘對，校其異同，使讀者能知傳本的優劣。假如我們具備了這方面的知識，明瞭各家書目的內容性質，遇有問題時，一檢各家書志，卽可對某書版本是否珍善，作一抉擇。

以上所談，均屬個人淺見，卑之無甚高論，而且殊爲拉雜，躭誤了諸位許多寶貴的時間，謝謝。

（東海學報第十七卷）